U0857253

系列丛书

2012第一卷

（总第五卷）

主　编：褚水敖

陈鹏举

上海市作家协会　主管

上海诗词学会　编

文匯出版社

图书在版编目（CIP）数据

上海诗词. 2012. 1 / 褚水敖，陈鹏举主编. -- 上海 : 文汇出版社，2012.5
（上海诗词系列丛书）
ISBN 978-7-5496-0526-2

Ⅰ. ①上… Ⅱ. ①褚… ②陈… Ⅲ. ①诗词—作品集—中国—当代 Ⅳ. ①I227

中国版本图书馆CIP数据核字(2012)第087587号

上海诗词

主　　编 / 褚水敖、陈鹏举
编　　著 / 上海诗词学会
责任编辑 / 甘　棠
装帧设计 / 福莱达艺术机构（上海）

出版发行 / **文匯**出版社
上海市威海路 755 号（邮政编码：200041）
经　　销 / 全国新华书店
印　　刷 / 上海双宁印刷有限公司
版　　次 /2012 年 5 月第 1 版
印　　次 /2012 年 5 月第 1 次印刷
开　　本 /1/16
字　　数 /220 千
印　　张 /13.25
书　　号 /ISBN 978-7-5496-0526-2
定　　价 /25.00 元

丛书编委会名单

目录

卷首语

诗国华章

海上诗潮

霜林集叶

风云酬唱

元旦抒怀

烟云过眼

春寒联章

目录

戏剧诗言

雏凤清声

云间遗音

九州吟草

观鱼解牛

龙的传人 诗的国度

■ 姚国仪

2012年元旦来临的时候，中国农历龙年的春节也接踵而至。元旦抒怀的袅袅余音尚未散去，壬辰颂唱的诗篇已如雪花般飞来。

《上海诗词系列丛书》今年第一卷的开篇栏目“诗国华章”记录下了诗人们的情怀和愿景。本卷的“海上诗潮”栏目，汇集了一百多位作者的诗词作品，琳琅满目，各抒胸臆。其中有一位老会员来信说，他已经有五年多没投稿了，自从读了公开出版的系列丛书后，感到非常高兴，这次寄来了十几首诗作。这个栏目是每卷系列丛书的重点，旨在展示上海诗词界的根基与实力，反映上海诗词界的面貌与现状。“霜林集叶”栏目，推出叶元章先生的诗作七十首，均为七言绝句，选自叶老先生上世纪九十年代出版的诗集《九回肠集》。这位饱经风霜的老人，无论处于什么境地，永远怀揣着一颗滚烫的诗心！“雏凤清声”栏目，刊登了十一位比丘尼所作的《七律自拟题十一首》，很值得一读。读完这一组律诗后，或许会让你悟出点什么来。这次，还专门设立了一个新的栏目“云间遗音”，选载已故沈元吉女史的四十几首诗词作品，以资纪念。沈女史于去年12月中旬不幸去世，她生前是上海诗词学会会员、松江云间诗社副社长。至于本卷的其他几个栏目，如“风云酬唱”、“戏剧诗言”、“九州吟草”及“观鱼解牛”等，也都各展风姿，别具特色。

中华民族是龙的传人，华夏大地是诗的国度。可以这样说：中国传统文化的魅力，莫过于中华传统诗词——尤其是格律诗词。千百年来，中华传统诗词由龙的传人续写，在诗的国度传扬，是中华民族传统文化中不可替代、弥足珍贵的宝藏。在当前强调大力发展我国文化事业、提高国民文化素养的时代背景下，中华传统诗词理应占有一席之地。尽管中华传统诗词——尤其是格律诗词，达到过至今也难以逾越的高峰，后人也许无法企及，但是，这一中国传统文化的瑰宝，如果能在我们的身上得到传承和发扬，毫无疑问，也是我们的幸运和荣耀。中华传统诗词，正以其无与伦比的魅力，吸引和激励着越来越多的爱好者。格律的入门其实并不难，难的是按照格律写出好的作品来。格律是一种韵律，试问：缺少韵律的诗，难道还能够称之为诗吗？诗为心声，诗贵真情。诗，是心弦拨动的鸣响，是情感流淌的痕迹，是人生行旅中的一次驻足，是夕阳西下时的一次回眸，或是站在高山之巅的一次远眺，诗还是以臻于完美的、遵循传统的格律要求和形式完成的作品。

《上海诗词系列丛书》自公开发行以来，受到全国各地诗友们的普遍关注，反响热烈。上海诗词学会的广大会员，更是纷纷来信来稿，在表示欣喜和支持的同时，真诚地希望丛书越办越好。我们深知，一本书刊的生命力，是由读者、作者和编者共同赋予的。三者不可或缺，而读者与作者更为重要。没有作者，编者难为无米之炊；没有读者，书刊只能搁在书架上充作摆设。因此，我们热忱欢迎大家踊跃投稿，并提出批评和建议，加强沟通，宗旨只有一个：把《上海诗词系列丛书》办好！

龙年，一个裹挟着美好愿景的年份：愿龙的传人在中国龙腾飞的同时，挥动充满诗意的翅膀，在广袤的诗的国度翱翔！

诗国华章

■ 吴祖刚

西江月

——辞辛卯，迎壬辰，调寄西江月

挥手西行逸兔，欢呼翘首翔龙。白头柱杖舞东风，满眼红旗飘动。　　桂殿嫦娥待发，神舟舣泊天宫。靓妆下界庆丰功，福寿康宁为颂。

■ 褚水敖

元旦抒怀

漫云去日不由人，枉叹乾坤舞乱尘。
雅志残存输壮志，此身非有失清身。
神思力定诗情惬，心海波平水性纯。
任是周遭无静处，新从静处觅新新。

■ 齐铁偕

壬辰正月初一口占

雪迹霜痕梦里销，平明景象已新描。
昨宵一雨千河急，春到江南第几桥？

■ 杨逸明

龙年戏作

迎新共好龙，年画遍尊容。
倘若云间降，人人是叶公。

■ 胡中行

壬辰元旦以一绝向诸君拜年

曾记联诗祝鼠牛，又离桂陌水天游。
灵犀一点无多语，携子同登诺亚舟。

■ 潘朝曦

辛卯除夕前夜于海西故里寄诸友人

兔子尾巴已不长，数时即见瑞龙翔。
愿君身体如蛟健，事业蒸蒸似旭阳。

■ 喻石生

辛卯除夕恭祝龙年大吉

笃信明春气象宽，天公只许一时蟠。
腾飞云海会乘势，掀起波涛耸壮观。

■ 姜玉峰

拜年

龙腾华夏雪初飞，兔值功成带月归。
除夕漫天喧爆竹，举杯共贺接新晖。

■ 张立挺

共迎龙年

兴至安能罢酒盅，脸红更伴万灯红。
与君共待良辰到，除夕钟声接瑞龙。

■ 洪伟成

拜年

雪舞申城天献瑞，龙吟大地待腾飞。
愿君从此多圆满，再享华年迎兔归。

■ 聂世美

口占一绝贺岁壬辰

梅催橐籥报回春，律转鸿钧气象新。
倾国举杯除旧腊，龙吟凤琯醉清醇。

■ 姚国仪

壬辰贺岁

飞天跃海显真身，万众欣欢守吉辰。
赐福人间多好运，图腾应是太平神。

■ 吴　忱

次韵国仪贺岁诗

偶聚人间祝此身，天回六壬况逢辰。
今宵今岁花长好，明日明年财有神。

■ 龚伯荣

辛卯除夕

朦胧霜月挂天穹，一水春江两岸红。
明日东风今日至，烟花烂漫跃飞龙。

■ 王义胜

迎新

屋外腊梅一枝独放似有迎新之喜

别种孤芳别种奇，天公熔蜡大寒时。
萧斋怜我无颜色，故把梅花赠一枝。

■ 成德俊

除夕戏赋

漏声将报一年终，忆旧难追昔年踪。
拱手今宵辞兔去，躬耕明岁欲成龙。

■ 李建新

除夕

礼物无须重，回家即有情。
老人今夜盼，儿女扣门声。

■ 邱红妹

壬辰喜赋

壬辰又见龙，五彩显祥容。
福祉人间降，君家喜气浓。

■ 张宗廉

放爆竹

佳节良辰动地鸣，迎春贺喜告功成。
一时污染虽须变，爆竹声优枪炮声。

■ 傅　震

贺年

卯兔良时接瑞龙，乾坤紫气起东风。
清诗一首寄心意，平蔚远涛期不同。

■ 陈以良

龙年贺岁

辞旧放歌心惜然，迎新霎那绚云天。
飞龙亲酿团圆酒，酒向人间来拜年。

■ 庞　湍

中国龙

诞生华夏五千年，久困池塘俯首眠。
今向沧溟振双翼，雄姿飞上九重天。

■ 陈衍亮

喜迎龙年

影投长极日高回，天到寒深春孕来。
酒暖千家人不睡，早迎龙气把门开。

■ 陈　诺

新年有感

千川紫气四方财，一岁烟花落又开。
玉兔归蟾奔月去，祥龙出海驾云来。

■ 何积石

龙年迎春

迷离岁月足时新，畅想云烟尽是真。
自许大龙何积石，高吟与尔同迎春。

■ 张才得

除夕拜年

电话铃声持续闻，岁阑何处不怀人？
太平世界地球小，真个天涯若比邻。

■ 柯玉娇

除夕感怀

金龙踏雪独封魁，玉兔流连叹惜回。
最是一年祥瑞日，紫霞杜若驾风来。

■ 谢春江

辰年在即戏此

吉言如酒早开封，爆竹争思上九重。
既定方针龙替兔，就差除夕一声钟。

■ 季肇伟

辛卯除夕

一

袅袅高香不夜天，腾腾焰火映无眠。
几多名刹岸边寺，子夜钟声赚客钱。

二

壬辰农历一宵安，借梦心原欲傍贤。
醒罢新春吟几阕，肯忘疏发不盈颠。

■ 施提宝

辛卯除夕守岁感怀

一

卯兔依依别九州，红英遍地接悬钩。
嫦娥舒袖吴刚咏，盛赞人间幸福稠。

二

辰龙驾雾临华夏，虬角随时触府衙。
治吏惩贪平物价，民生社稷福无涯。

■ 庞　坚

次褚公《元旦抒怀》

味甘清咏不随人，衫履终无京洛尘。
心放川明山冶处，梦亲鸥逸鹤闲身。
腊梅一夕香难隐，朔吹千庭气傥纯。
岁杪楼头更凝望，幽情又共白云生。

■ 顾建清

壬辰元日

转瞬流光隙过驹，倏然腊去对椒觚。
梅开祯福香偏淡，竹报平安绿向腴。
华发数茎心底事，晴晖一片眼前途。
于今寒舍康欢处，赖有天涯邻比扶。

■ 江荣清

壬辰愿景

布雨乘风万里行，口衔翡翠缀东瀛。
喜闻绿岛添双翅，乐见神舟挂五旌。
茉莉街头难洁白，牡丹苑里更繁荣。
壬辰二月春来俏，虎跃龙吟享太平。

■ 丁剑波

贺岁一律

蟾宫捣药久无筹，大泽云腾五色稠。
耳目润交风雨媚，襟怀畅接海天悠。
诗情今许征鸿举，杯酒谁为赤字留？
也结春愁也生恨，壮心依旧赋登楼。

■ 金嗣水

壬辰春颂

爆竹冲天五色光，山山水水正梳妆。
献身玉兔捣良药，施雨苍龙润众芳。
酒醉心开情意暖，寒催梅绽瑞云祥。
迎新辞旧桃符换，把盏长歌颂小康。

■ 张祚勋

迎新年

壬辰速速叠辛卯，再度轮回数可循？
不古江山人易老，感时境遇梦归真。
飞觞身寄三冬雪，贺岁心涵万象春。
诸事流年释然处，几多世味与君匀。

■ 邵益山

元日偶得

岁月无痕又自新，回看晓镜对须银。
抚松不作太冲叹，愤世徒生子美嚬。
地上四时分冷暖，人间万象合甘辛。
匆匆来去皆过客，桀土尧天共一春。

■ 朱化萌

采桑子　迎春

万家灯火迎除夕，春雨潇潇，喜乐飘飘，美酒频斟醉意陶。　　中华昌盛民间乐，腰鼓敲敲，琴瑟调调，百姓生活节节高。

■ 纪少华

菩萨蛮　迎龙年感赋

万重山列鸣金鼓，长江浩荡龙飞舞。点点腊梅开，红红旭日来。　　抚波聆海语，踏浪迎霞去。顺势竞风流，吾侪共一舟。

海上诗潮

■ 周退密

奉和陈福田词长颂赐龙年新什两首

一

气谊感君重，如花艳复秾。
愿君常早起，旭日一轮东。

二

松竹原堪爱，不辞桃李秾。
长绳难系日，只恨水流东。

自述一首次无咎居士《新岁自赞》二十四韵

一室供坐卧，家具占其半。
乱书叠如山，终究非美观。
客来感踽躅，举步愧怠慢。
壁上何所有，有画工与漫。
但求自怡悦，不强人赏看。
桌上何所有，有瓶复有罐。
真赝辨之艰，甲是忽乙叛。
惟有墓中砖，岁月淹晋汉。
好古莫泥古，老夫语灌灌。
玩物莫丧志，迷途致长叹。
譬如溺水人，援之使上岸。
譬如夜行者，提灯使如旦。
我亦爱书法，二门与而爨。
碑帖杂新旧，罗列满几案。
纵览识今古，为学乏炼锻。
率更为家法，笔阵未敢乱。
知偃不知扩，知敛不知散。
垂老苦五成，百年几劫难。
无咎吾畏友，述此求为判。
童年学为文，未遭义法绊。

但求文字顺，但求逻辑贯。
本是袜线才，无须更装蒜。
画虎思马援，画马慕韩幹。
长谣舒胸臆，和句聊为赞。

蛇足吟

一

日久天长失本真，土羹尘饭每因循。
诗词格律美无比，要在旧瓶装新酒。

二

诗词改革莫轻论，失著易成掘墓人。
语体也当求韵律，随心所欲太天真。

三

杨陆诗多句有神，随抽一首见清新。
人间若有还婴日，愿作慈怀吮乳人。

四

于词吾自爱苏辛，不效人间无病呻。
总是直肠难九转，非将宛约罪周秦。

五

满脸于思白发新，杜门聊作老诗人。
莫言无补精神费，正赖吟哦兴与群。

注：仆聊藉诗以解岑寂，并获交当世豪俊。

六

砚田少日乐耔耘，炳烛赊光耕亦勤。
留得空文三大卷，幸逃马足与车尘。

注：拙著诗文集承中华诗词（BVI）研究院项目、当代诗词家别集丛书编委会审定，已于今年由黄山书社正式出版。众擎支持，殊深感激。

七

本是忧患劫后身，运来同作太平民。
无功食禄知当勉，官粟虚糜三十春。

注：仆于1981年从上海外国语学院退休，迄今正三十年矣。

■ 黄润苏

南京路步行街

南京徒步路，朝夕迓游人。
满目琳琅景，常年旖旎春。
奈何小广告，沿路大缤纷。
市容损形象，优游减物情。
忍问经营者，唯此可营生？

读《谁想看三龄童蒙眼走钢丝》感赋

三龄蒙眼走钢丝，献艺徒教众目答。
培植嘉苗须灌溉，贪婪美果慎摧枝。
欢呼顿作长声叹，喝彩翻成恻隐施。
应是牙牙初学语，可怜万里母思儿。

韩江柳韵韵悠悠

——读陈图渊诗友《韩江柳 惠沫集》集句成七律一首

天涯何处觅知音？（秦中吟）
再谱新章唱晚晴。（陈图渊）
青眼相逢何恨晚，（王退斋）
环球同道瞩新征。（杨世光）
骚坛韵事真情溢，（曾繁峻）
雅句清新寓意深。（权英才）
更见心灵宽世界，（秦中吟）
韩江柳韵谱强音。（陈 涛）

满江红 国庆六十周年颂

胜似春光，今番是、枫红菊艳。宜放眼，神州风采，光华美奂。高峡拦成发电站，海湾绽出新商岸。五千年古国焕青春，宏图展。 思先烈，狂澜挽。征腐恶，除民患。迎朝阳冉冉，光辉禹甸，改革创新百业举，开放导引千帆满。数风流人物看今朝，情无限。

一剪梅　歇浦之滨

歇浦之滨惬意游，岸上高楼，水上轻舟。虹桥披雾戏沙鸥，晴也风流，雨也风流。　　花木葱茏遍海陬，梅自香稠，柏自青幽。赏心悦目但思筹，全我金瓯，振我神州。

一剪梅　收获

云淡秋高稻熟天，片片良田，粒粒金丹。晚霞遥映小河边，点点归帆，隐隐青山。　　笑语欢声垄亩间，喜在眉端，乐在心间。丰收欢庆自年年，政理能贤，国治民安。

鹧鸪天　戊寅端午海峡两岸诗学交流研讨大会感赋

竞渡龙舟角黍香，茫茫溆浦吊忠良。抽思郁郁孤臣愤，天问声声楚客狂。　　倾艾酒，荐兰汤，汨罗江水永流芳。诗骚灿烂垂千古，育我中华国粹长。

沁园春　浦江春色

海上春回，淡荡风和，吹遍晴滩。便临江游目，琼楼玉宇，百花争艳，芳草绵绵。水涨春申，云蒸歇浦，正是人间四月天。泉盆外，有莺莺燕燕，睍睆呢喃。

几曾炮火硝烟，如今是、红旗百尺竿。彼英年学子，课余潇洒；韶华仕女，假日悠闲。戏蝶花丛，弦歌柳岸，密意幽情遂夙缘。新月上，舞明珠塔畔，俪影翩翩。

行香子　早梅

疏影芸窗，流韵华堂。远林园、犹带寒霜。为谁早秀，不待群芳？念诗人盼，词人算，慰清狂。　　情怀依旧，未晚榆桑。爱青山、脉脉斜阳。新声古调，心曲轻扬。赋春云碧，春波绿，早梅香。

菩萨蛮　井冈山

井冈山上黄洋界，森严壁垒今犹在。槲树绿荫繁，南瓜香又甜。　　红旗映山色，犹忆《西江月》。先烈创奇功，巍然百尺松。

㊟："犹忆《西江月》"句，指毛泽东词作《西江月•井冈山》。

■ 何佩刚

秋怡斋桂香逸兴

新迁旧宅，桂树环绕。时值高秋，远闻香，近扑鼻，枝头拥翠夹黄，地面细洒落花，清风徐来，令人痴醉，不亦狂乎？

佳令眷重阳，蓬门满苑香。
株株浮蕊翠，步步踏花黄。
岁月功夫短，人生欲望长。
飘飘姑仿醉，痴意在清狂。

敬贺徐仁初吟长九五高寿

仁初名久仰，一见拜高才。
雅韵赓三代，薰风绍十台。
海云楼奋笔，甲骨字难猜。
九五文思畅，期颐笑捧腮。

黄澹园九秩高寿歌

蜀乡山水养神聪，一路崎岖仰大同。
修得鸳鸾情似火，育成桃李德传风。
诗书饱腹雍容态，词令招名婉约功。
四子如龙堪啸傲，倾诚欧美有宾鸿。

致陈允吉教授

黉门知遇暗矜誇，喜接雄文灿紫霞。
学萃汉唐多享誉，心研禅佛独成家。
辞拈警策风高致，理辟精微味至嘉。
但得有公擎翰墨，谁同争袭古中华？

读叶元章吟老《九十述怀》次韵

耄耋情怀未足非，生平坦荡可夕薇。
惯经甘苦风尘累，幸抵凄清恶梦稀。
妙手诗词皆玉帛，锦心仁义胜朱衣。
为欢九秩亲朋畅，漫享桑榆浴凤飞。

■ 曹世清

次韵奉和逸民吟兄鱼山谒曹植墓诗

此山常羡彼山高，惭愧衰翁也姓曹。
腹内未储升斗墨，口中爱咏几声骚。
高山流水求知己，秋菊春兰欣结交。
不憾余生渐见底，行间笔下起心潮。

痛风病足有赋

二竖无端又犯余，痛风迫我困蜗居。
跛行斗室犹凭杖，空想芳郊驶有车。
端坐菩提非悟道，急求歧扁乱翻书。
人之大欲还馀一，鹤立庖厨脍鲫鱼。

■ 金持衡

贺香港回归十五周年

香港春风拂面柔，紫荆红映万家楼。
苍生休戚传千载，时代新声壮九州。
开放特区花正发，中华两制策当酬。
罗湖十五年前月，犹照山光海韵秋。

沁园春 温岭市东辉阁

瓦屿山头，丽阁东辉，驻足目凝。恰烟霞眼底，浮光耀影，长天万里，铃语空灵。岭卧石牛，新域崛起，顿觉悠悠天马行。乍回首，见云汀雾渚，笑傲途程。

高楼散落繁星。正遥对重檐思杰英。任峥嵘岁月，河清海晏，石屏诗笔，谢锋碑庭。梦断滕王，魂销黄鹤，袅袅遗风云浪平。盼来者，对四围春色，捷足先登。

注：东辉阁2000年落成在温岭市瓦屿山，高33米，外三内五仿古建筑，获国家建设部设计金奖，与五龙山遥遥相对，其规模可与滕王阁，黄鹤楼媲美。

寿星明 祝王伯敏教授九十大寿

东海南山，玉卮金樽，歌舞蹁跹。见半唐斋主，匠心独运，神工化境，鲤跃清泉。软雾芳尘，绿波红雨，每借山川励后贤。微吟罢，对千红万紫，又谱新篇。　　锦屏园里花鲜。喜史学馆中佳话传。恰博学宏辞，清苍骨格，丹心耿耿，风物绵绵。九十嘉华，松龄鹤寿，艺术光芒壮大观。凝眸处，有芳菲桃李，笑语空前。

注：王伯敏，中国美院教授、博导，著有多部美术史，半唐斋是他的书斋名，在家乡温岭市的锦屏公园内有王伯敏史学艺术馆，2011年5月19日开馆。

■ 杨逸明

与诗友老城厢茶楼品昆仑雪菊

一

灯影琴声老灶台，江南避雨上楼来。
玻璃壶侧人围坐，观赏昆仑雪菊开。

二

几朵珍奇雪菊花，沏成红艳异香茶。
手中杯盏传汤色，似采昆仑岭上霞。

三

昆仑雪菊沏成汤，小盏盛来琥珀光。
本与诗心同血脉，生于不染一尘乡。

四

菊花来自雪崖边，茶带昆仑袅袅烟。
饮罢梦追神女去，风驰八骏作诗仙。

■ 姜玉峰

海滨漫步

临春波更绿，拍岸雪尤明。
海角通华径，林园缀秀城。
遥看灯塔耸，近阅石雕精。
散步迎阳暖，水清风亦清。

探梅

春暖徐来渐退寒，梅花百族未形单。
和风天遣谈何易，好雨人工笑不难。
可喜抬头林济济，勿愁举步路漫漫。
超山雪梅今容阔，踱上明堂凭玉阑。

登小鱼山

登临山阁转阑干，岛国无遮展卷观。
掩映红楼参绿树，翻腾碧浪拍金滩。
探看弟病飞青岛，闻道仙医炼妙丹。
欲借寒风洗愁去，鱼山顶上独盘跚。

谒康有为故居

鱼山东麓名人集，南海暮居将四年。
绿树蓝天魂魄驻，赭岩红墅艺情延。
携朋寻道崂山洞，共友研书月夜天。
遗得宏篇青岛上，细看风范步留连。

无题四首（选二）

一

赏今觅古莫蹉跎，博采奇花嫁碧柯。
五马放山烦事少，只身下海挚朋多。
怜梅几度超山赋，寻道千番仙岛歌。
天上浮云去无定，剡溪依旧泛清波。

二

江山阅尽撷风光，春丽夏清华艳香。
累累秋来群果熟，妍妍冬至独梅芳。
凤飞皇里播甘雨，鹤立岩头唳夕阳，
走马王孙歌造化，流连人事是诗殇。

■ 胡中行

偶成

夜阑帘外悄无声，四处朦胧此独明。
久立户边观嫩柳，徐行路畔听娇莺。
破瓮身后莫回首，复辙车前须慎行。
万紫千红未足恋，无为儿女总多情。

寄友

一轮新月照窗台，欣把羊毫蘸水开。
春色不长花草谢，深情无限雁书来。
三年难断缠绵意，两地同存出世才。
万语千言道不尽，聊将拙作下余杯。

无题

一

万紫千红斗艳时，清芬满路咏新诗。
桃花哪得笑崔护，豆蔻何须怨牧之？
应似劲松凭雪压，还如嫩柳任风吹。
连天暖雨迎初夏，且向花间进一卮。

二

满地黄沙满地风，寒窗明月小楼中。
时过仲夏觅新藕，节近深秋看老蓬。
忍把宝刀隔南北，却将长剑挂西东。
苦思穷想累三稿，吟罢都抛乱纸丛。

采桑子　赠友

欢情不觉流光快，才下行装，又上行装，别了长江向赣江。　　廿天说尽六年事，别后休忘，千载休忘，此地曾来赏月光。

■ 潘朝曦

北国记行八首，叠韵（选六）

辛卯冬（2012年1月4～8日）有黑龙江东北边城七台河之行，感沿途所见景观奇异，遂成《北国记行》叠韵八首。

一、车过林海雪原

万里胡天白日斜，桦林成片噪寒鸦。
奇哉最是风过处，任是晴空舞雪花。

二、车过依兰参观五国头城感赋

金邑早荒碑断斜，天寒人少绝飞鸦。
堪怜坐井徽钦帝，空对南天洒泪花。

注：依兰五国头城乃当年金关押宋徽、钦二帝之所，亦即所谓坐井观天处。史载宋靖康二年（西元1126年）四月，金兵破宋都汴京掳徽、钦二帝、文武百官、皇子后妃宫女一万四千余众及财宝重器等，如赶驱猪羊般历四年至此，死伤后仅剩一百四十余人，亡国之痛，能不志哉？

三、参观北方原野、村寨

枯草无边阡陌斜，夕阳撒落满天鸦。
野村别有赏心处，雪里人家窗上花。

四、北国古战场遗址感赋

抗金万马戟横斜，哀吊唯余原上鸦。
夷夏如今归一统，英魂当化塞边花。

五、途中一景

天低云暗朔风斜，万木枯鸣绝鸟鸦。
雪里偶逢行旅过，惊看眉鬓现冰花。

六、参观哈尔滨市冰雕

满市冰雕高或斜，日光焕彩引千鸦。
幻奇当在夜阑后，灯透龙宫耀眼花。

和乡友三律（选二）

江苏连云港石室诗社成立周年之际，该社将社内成员的作品编成《石室诗存》出版。社员王成永作《<石室诗存>首发座谈会感赋》：“结社朐山意气真，修文原本是修身。经风历雨堪为乐，茹苦含辛倍觉珍。妙笔写成新世界，好诗读罢足精神。冲寒喜见梅花放，玉态狂香已占春。”该社秘书长朱成安兄特发函邀为作和，翌日余作叠韵次和诗三首奉达。

一

平生信守是求真，每把言行质自身。
大伪斯兴人弃善，邪风正盛我持珍。
当教浩气充天地，欲使诚心感鬼神。
世道披靡扶令直，拼将全力唤阳春。

二

为诗首要是情真，立意居高德在身。
妙语当教惊世俗，佳篇合应比珠珍。
才高自可思通圣，学富方能笔有神。
梁苑芳菲逾万种，梅花独领十分春。

■ 张立挺

生日

双亲远逝白云乡，每忆慈容每断肠。
又对寒冬初度日，秋枝怎忘沐春阳。

风中梧桐

每逢严节朔风狂，竟使梧桐叶落忙。
只为胸中春意在，终然赤膊也迎霜。

窗前小坐

凉风过面拂丝丝，摇动窗前老柳枝。
绿荫丛中童雀跃，白云底下鸟欢嬉。
耳充天籁千声和，心慰吾情万物知。
揉进阳光揉进水，终将秋景捏成诗。

鹧鸪天　冬至

肠断当年送鹤舟，椿萱一去讯悠悠。虽思冥夜魂探梦，却怕清宵月照楼。　追岁月，忆春秋，清明冬至把心勾。青烟红烛人无影，老泪难禁暗自流。

鹧鸪天　友人所赠水仙花正怒放

出世隆冬即遇霜，从今敢把苦寒尝。近松依竹甘青服，避李辞桃远艳装。　　行朴素，品端庄，君前幸未负希望：身如白雪千般洁，心与梅花一样香。

阮郎归　赴江阴送刘文焕吟长归返道山

当年相会聚澄州，倾情互唱酬。仰公风貌正高秋，额藏岁月稠。　　闻噩耗，失良俦，顾山送鹤舟。路迢迢也岁悠悠，安能不忆刘。

■ 喻石生

春寒

一番风雨久缠绵，几许花期向后延。
莫是春寒寒不得，月余吝放半晴天。

唐朝诗人四咏

陈子昂

道弊文章五百年，凄凉四顾独潸然。
一声长啸流风远，感动茫苍降谪仙。

王昌龄

骨立长城气自吁，鹏程黯淡月模糊。
情同怨女征夫泪，点滴凝成七绝珠。

骆宾王

陷身西陆奈冤何，壮别潇寒剑暗磨。
一纸檄文惊武后，宾王七岁会吟鹅。

刘禹锡

笑谈何陋契鸿儒，一鹤排云本不孤。
可爱刘郎屡遭谪，辞锋两度刺玄都。

■ 袁拿恩

春日遣兴

老去诗泉未寂枯，新来翰墨暂生疏。
尚怀冬暖随伸缩，孰料春寒乱起居。
人事或当知舍得，世情焉许只乘除。
最欣论说接千载，时有相投围一庐。

次酬忱公春寒诗韵兼呈诸友

捱过惊蛰未收寒，容易无聊怯衣单。
热烈诗怀期盼之，清幽梅蕊欲开难。
莫闻随处晓莺脆，空忆去年烟柳漫。
我比东君更愁怅，连番风雨枉凭阑。

题画七首（选四）

一

茅屋三间雨意浓，彼云卧石趣无穷。
醪温待客何时至，野岭唯闻古寺钟。

二

三月春风剪紫霞，牡丹年古展龙华。
晨钟暮鼓真如地，慈雨常滋富贵花。

三

风生云起乱裁笺，绝壁孤松倚暮天。
行客看山迷野径，一片空蒙隔溪烟。

四

宿雨青岚虚若空，泉声岩影共松风。
漫将苕笔龙蛇舞，一纸溪烟水墨中。

左溪三首

一

正月天寒雨未停，珠山苍翠左溪青。
相逢把盏无人劝，醉得梅花红满庭。

二

左溪之左一山房，庭院梅开满屋香。
把盏品茶围坐闹，阿珠戏笑海天郎。

三

疏影横斜映绿苔，梅花吐蕊小庭开。
春临爽圃红霞涌，迎接故人今又来。

早春

四合青黄半萎枯，春容难觅野梅疏。
残阳影寂轩窗倚，雨夜灯阑蜗壳居。
世上江湖千变幻，壶中日月一消除。
门廊匾额留痕旧，信笔新题了了庐。

次韵奉和忱公春寒诗

湿冷强捱夜更寒，谁开亭角影幽单。
梅香一缕知春暖，关隘千重行路难。
宿雨初收青涧涨，晨风始起绿云漫。
休嫌晴日姗姗步，待看群芳兴未阑。

■ 王铁麟

耔澐有诗，因答

小阁红桥五尺楼，迷花掩竹卧溪流。
茸茸最是猫儿乐，痴望云天不是秋。

题谢小珮《杂花图卷》

一

羲皇又宴去年花，轻卷宽舒绽紫芽。
箫鼓夕阳沈醉去，风骚独占是山茶。

二

谢家小女谢家妆，淡抹今朝数海棠。
籐萝一束抽心后，红叶犹留半亩塘。

新歌行

眼儿媚，唇儿薄。萼绿华，斜枝出。人看花依旧，花飞将人逐。君不见，皑皑白雪自皎皎，日月天地苌弘血；君不见，小窗灯影烹茶人，垂帘操琴歌一曲。有道人生如蝶梦，佛谓积善即有福。菩提心底出，朝暮不思蜀。噫欤戏，柳暗复花明，长把诗书读。赚得文章看，结庐远尘俗。

■ 蔡慧蘋

济宁三章

少年游　山东嘉祥武氏墓群石刻博物馆

三间新舍旧风标，有汉石天骄。争妍百戏，主宾相揖，满月射山雕。　　茫茫尘土何方路，问野老头摇。燕子归来，环飞绕阙，犹恋旧时巢。

满庭芳　舟发微山湖至南阳古镇

破浪轻舲，凉生风起，吹得残暑心消。绿杨阴下，三五小舟飘。红粉花荷袅袅，湖面阔，水路迢迢。新莲籽、鸡头粒饱，古镇枕河娇。　　难描。深巷小、残垣卵石，鼎甲还褒。有荷叶当街，凉晒昭昭（注）。当午骄阳火燎，金光盪，豫曲音高。声声醉，小亭村老，轻把竹扇摇。

注：有巷名状元胡同，土墙凹凸，人道是马状元旧宅。

眼儿媚　微山湖桃花岛旅游区

垂柳斜芦到天涯，一抹独山奇。群鹅戏水，满船荷叶，压水舷低。　　酒旗高挂桃花岛，麻鸭正鲜肥。双桨问道：莲蓬摘得？荡入湖西。

■ 黄　旭

咏翡翠

晶莹剔透碧玲琅，一点樱红缀艳妆。
不是圣工开慧眼，美华永世石中藏。

游云岩禅寺

逸鸟投林入虎丘，剑池云岫逐风流。
醍醐灌顶终成道，妙语华亭石点头。

赠武阳

江南风景韵如何，得意人生有几多。
常念渚山农户酒，且当二指吮田螺。

步答青年诗友见赠

一叶扁舟逐水流，几多往事可凝眸。
恨无妙语酬青少，却有相思寄白头。

灵峰探梅

一人龙上石桥边，小雨微寒漠漠天。
几点芳菲相对笑，悄然春信立当前。

无锡太湖

瀛波迷淼抑重津，芳草初萋柳色新。
远眺三山烟雨里，鼋头站定是谁人？

兰州市甘肃文化厅友人陪同参观文溯阁四库全书，沈阳旧物也

盛京文溯肃州延，紫气祥云一脉连。
古籍长城迎百姓，皆知陇上有娜嬛。

答同学

不问青丝白发颠，弦歌一室忆当年。
如今煮茗无他事，秃笔闲来种砚田。

读史记《项羽本纪》

江东复出毋奚疑，弟子三千会有期。
陌上无端楚歌起，霸王正是别姬时。

2000年静安寺改建工程启动，慧明法师考入复旦博研

千年古刹换新装，钟鼓楼檐耿有光。
细听颂经声不断，禅门也出状元郎。

2009年慧明法师以研究印光大师论文获博士学位，步前韵

僧衣暂换博士装，十载传灯集印光。
佛学禅机深似海，桃源顿悟遇渔郎。

浦东新建召稼楼，属予作联，贺之一律

为改申江入海流，浦东拓展仰先俦。
惊翻几代垦荒史，再现当年召稼楼。
鹤舞坡田鸣绿野，香飘稻菽漫新秋。
民移沪渎千千万，借问谁曾此淹留？

四川四姑娘山，文史馆画家约游未果，画家已逝，吾愿遂了，赋之以志

痴迷久慕四姑娘，玉立婷婷不艳装。
雪岭光回分素面，白云缠绕显柔肠。
风吹雾谷卧龙睡，日照霜溪秋叶黄。
最是关心竹林里，熊猫醒后可安详？

■ 徐勤才

探梅

日暖风和出汇塘，几声鸦噪好时光。
诗林雅兴连心海，庚岭高情醉酒乡。
烂漫山风姑射质，天真玉态寿阳妆。
一枝潇洒春先到，喜看夕阳留晚香。

㊟：汇塘，又称蒲汇塘。沪上徐家汇南昔有土山湾，蒲汇塘村落。

■ 曹志苑

云从龙

小景如书写，空间在彼轩。
云从龙起舞，满眼赏开元。

青花一梦

梦里依稀在远山，云溪似水月如丹。
蝉声寂寂莲花雨，釉底蓝融心底宽。

素布红帛

掩雨斜阳瑞气多，年年三月忆蹉跎。
从前素布青衫缕，至此红裳翠袖多。
莫道裙装胜图画，且看线韵比莲荷。
人间穿着春秋事，回首嫣然黄道婆。

雪梅香　咏春

景如染，忽闻一夜又春催。品香茶犹醉，凭窗望眼银辉。帘缀丝丝细珠密，捣衣今去画中随。旧时景，谷地丰年，今又祥归。　　风吹。念冬暮，却也平常，盼顾芳菲。料峭星辰，浪沙雾霭微微。舒卷云霞不眠雨，向来飘逸远程回。霏霏草，二月丹青，斜照霞晖。

■ 王家林

民工行

别亲人

病榻前边辞行，娘亲老泪晶莹。
妻子歙唇无语，稚儿大眼圆睁。
峰回村遮路断，水绕溪湾坝横。
此去一年血汗，换求三代安生。

报平安

广厦车流行人，抬头四下无亲。
衣少风寒袖冷，腹空口角生津。
祈求明天好运，不怕脏粗苦辛。
且报平安短信，慰藉千里心神。

中秋夜

月照高楼连绵，远方大路蜿蜒。
千里山村小院，妻儿盼等溪边。
城乡天天巨变，少了时时挂牵。
萧瑟秋风拂面，打工豪迈光鲜。

过大年

喜鹊红梅春联，归心似箭迎年。
黄犬摇头摆尾，娇儿蹦跳狂颠。
娘亲缝针线乱，妻子斟茶水偏。
今夜星空少月，借来悬照团圆。

■ 黄庆华

轻车赣粤行

南武当山（龙南）

南骋苍龙卷玉涛，长衢赤剑指重霄。
奇峰斜照共沉醉，飞步画屏心逸遨。

三月初三度假热龙温泉（和平）

绣谷朱栏石径深，香池丽阁洗凡心。
一夜枕流听绿绮，晨观白羽舞花阴。

㊟：“绿绮”系古琴名，这里指如琴音的泉声；“白羽”，指天鹅。

郁孤台怀辛弃疾（赣州）

南宋1176年春，辛在此写爱国名篇《菩萨蛮》。

城阙高台草木苏，春山曲水片云孤。
当年江晚愁余泪，滴滴升华盛世图。

通天岩吟王阳明（赣州）

明代1516年起，王任赣州佥都御史，常游通天岩并留诗多首。景区塑有其立像。

赤岩卓立可通天，攀瞰江城憾迈年。
忽遇亭前王御史，笑颜邀我敞心田。

丹霞山掠影（仁化）

色渥如丹明似霞，九州仙韵驻南华。
撑天一柱阳元石，拔地千寻长老崖。
风送韶音犹见寺，云生锦水更含花。
匆匆惜别待来日，不忘丹青杨柳家。

㊟：“韶音”指韶音亭，“锦水”指锦江，皆为山中景物。此次得访丹霞画院，与院长笑约以后再来。

■ 龚伯荣

游华盛顿湖

晓日扬帆云色秀，华湖春水碧连天。
长风破浪三千里，迎对惊涛舵手先。

锦云

锦云远上九重巅，万里飞扬天地连。
洒向人间滋润我，春风秋雨尽缠绵。

虹楼抒怀

韶光春暖聚虹楼，往日情怀二月稠。
学艺精专谋善技，求知闻道解忧愁。
英姿飒爽抒豪气，白发逍遥喜澹秋。
回首人生多少梦，沧桑岁月亦风流。

■ 黄思维

浣溪沙　秋凉有作

叵耐兼旬暑浪连。陡吹凉雨晚来天。好亲书卷对前贤。　　苟有会心虽片语，但能适意纵无弦。夜晴窥户月清圆。

浣溪沙　陌上青青

陌上青青草又生。隔墙风送数声莺。旧曾行处旧时情。　　幽事去难量近远，浮云在自议阴晴。晚霞犹傍小窗明。

■ 傅　震

试和鹏举师有赠四首

一

琴心剑气流连客，晴浦轻帆江上君。
去障千峰开视野，芦花新雁觅郁文。

二

清风一袖空尘俗，纳帖论文休论师。
画意禅通期悟者，文因缘解可呈谁？

三

晚笛秋容竹叶凉，银毫古砚滴醅香。
诗心莫计小笺限，得句不同看寸肠。

四

梦随溪雨著青枝，震泽归翁相举卮。
月色扁舟江鹭早，茶醇宵短品君诗。

■ 王义胜

月夜登南京城墙望积雪述怀

蔚蓝天色玉屏风，夜上城头豁远瞳。
不睡山光迎一角，无私月魄照长空。
尽馀粉本留烟际，多少红楼在梦中。
独许此身清白福，人间处处不牢笼。

谒鹅湖书院

鱼跃鸢飞竞泛湖，怀贤吊古独来予。
野涂山路寻求久，学舍师门拜谒初。
声杳经书归静谧，香浓花草啜舒徐。
院中怅触无穷恨，恨我青春未读书。

注：余弱冠正适文革乱世，故云未读书。

雨谒辛弃疾墓

分水岭头荆莽新，稼轩墓畔步逡巡。
百回颠簸疑无路，千古嗟伤独有人。
抔土荒碑徒惨目，金戈铁马自传神。
不堪茆荻萧骚里，细雨秋风落满身。

㊟：墓在江西永平陈家寨，公车至永平镇换摩的，行止皆机耕泥路，再转田埂野涂，随车颠簸，几欲呕出脏腑，年老体弱者不可轻易遽往。

江郎山

飞来蜀岭五丁擎，三片江郎大石倾。
绝壁千寻当面起，深渊万丈劈心惊。
遽闻梵呗疑灵性，顿寂烟尘寄逸情。
却笑禅门俗难免，亦随人世说枯荣。

㊟：山有开明禅寺，始建于宋天僖二年。世事沧桑，屡建屡毁。近代以来，同治元年毁于太平天国战乱，同治三年重建。一九四二年，又毁于日寇炮火，寇退旋重建。一九六六年，又毁于文革之乱，一九九零年方重建至今。

悬空寺

苍茫景色万千重，落日余晖见烂红。
佛舍凭空悬石壁，丹梯盘折上天宫。
诗碑读罢心神淡，钟鼓深沉骨血中。
追吊戍城多感触，古来三晋尽英雄。

忆天平山红枫节

老树红枫孰赏幽，范公遗迹使蒙羞。
墓田宽阔跑羸马，祠宇馨香戏癞猴。
人废礼仪无敬畏，世颓风俗只轻浮。
谁将古训颠倒读，竟是乐先而后忧。

㊟：苏州天平，乃宋名臣范仲淹氏家族墓祠所在，其后人手植枫早已合抱，每当深秋，其叶如喷火蒸霞，放眼伫望，竟蔽天日，为古吴一景。是时，当局办红枫节，引入跑马戏猴类杂耍项目，使人痛心疾首，不知何日之世也。

读抗战史

凄凉把卷对孤檠，月黑风高寇势惊。
战血染红千废垒，野蒿争绿万荒城。
模糊骨肉已留鉴，愤痛史文难尽情。
只恨吾身生未早，不能扙剑杀倭兵。

清明

江南草长到檐楹，满目春光出郭行。
桃李多姿浓淡色，人身无妄去来轻。
贵微穷达各由命，风月河山皆慰情。
最是林中沉寂久，绿阴深处啭黄莺。

■ 张佐义

题义胜兄笺注《重桂堂集》

剡中景色究如何，日绕青山月绕河。
兰苑成蹊桃李秀，桂堂润雨薜萝多。
许由洗耳原无据，乱世传家却有歌，
自读先生笺注后，山阴道上跨驴过。

注:《重桂堂集》著者许世绶为清嘉庆二甲进士，历任湖州等地学政，系义胜兄舅氏之高祖也。该书二年前由学林出版社付梓出版。

入秋

悄无声息已归秋，暑气渐消人下楼。
几树紫薇花小小，谁家知了说休休。
沈郎钱雨陶朱月，后羿室家吴地牛。
大嚼屠门求快意，犹思万里跨神州。

长江游诗词选

小三峡

风光似三峡，都说大宁河。
细雨飞深谷，轻舟出碧波。
崚嶒岚气锁，愉悦土家歌。
欲问人间路，四山多薜萝。

汶川、北川道上

车行一路客惊魂，满目山河撕裂痕。
屋圮云间关塞阻，崖崩谷底大湖存。
雁声嘹唳迷归路，彩帜飘扬说感恩。
却喜楼台平地起，夕阳明灭到新村。

水调歌头　漫兴

独乘东流水，竟作大江游。关山万里飞渡，俯瞰是神州。梦断金陵人去，云雨巫山何处，满地是高楼。我上丰都去，鬼蜮也风流！　见江水，失汹涌，困中流。锦云堆里，如天巨壁断稠缪。疑作鲲鹏羊角，蝴蝶翩翩南北，当为子孙谋。杞国诚多事，天下可堪忧？

■ 邱红妹

顾渚采风

相约农家乐，欢愉觅小诗。
人人皆快手，独我句迟迟。
闻有生花笔，何时得一枝。

召稼楼采风

细雨绵绵解暑忧，骚人作客礼园游。
长廊慢步闻诗韵，想不作诗难罢休。

题画四君子

有幸涂鸦迹未干，画中挚友结金兰。
不愁四季风霜雨，得意人生须尽欢。

忆江南

西塘忆，小酌在河边。月下灯笼红似火，水中橹烛竞芳妍。笑对酒中仙。

■ **成德俊**

戏步郁时威先生摄荷花诗

一

暑热蜻蜓逐水飞，田田荷叶漾生机。
匣中摄有无穷趣，何悔汗珠侵衬衣。

二

参差枝叶总难齐，朵朵娇姿出污泥。
苦觅芳丛千百度，为伊不觉夕阳西。

三

水嫩新荷淡淡香，仙姝安得解炎凉?
人间今已娇娃少，尽入权门大款旁。

四

一任骄阳赤火烧，清涟犹自映虹桥。
蝉鸣柳荫人忘倦，更有荷风代扇摇。

元宵诗会有作

喜见龙灯舞绝尘，如何消得此良辰?
吟诗寄语团团月，对酒欢歌曲曲醇。
细雨暗催千树碧，烟花竞放万家春。
更期寰宇河清日，共沐东风草野臻。

■ 刘鲁宁

答客

小苑飘来一缕香，寻它不必费思量。
风中几树梅花影，正被月光扶上墙。

再题龙华塔影苑沈护林老师画室

风扫石蹊秋叶黄，云牵塔影入明窗。
小斋不使人心累，只与僧房隔一墙。

离寺

远近冷梅香有无，小风随我在归途。
寺门已向游人闭，回首龙华月上初。

早春

醒来天色未全明，有个声音须细听：
小雨放轻春脚步，窗前走走又停停。

与师友老城厢春风得意楼品昆仑雪菊（新韵）

弄里江南烟雨浓，雪菊细品小楼中。
缘何水色殷如血，此是昆仑岭上红。

■ 郁时威

黄山日出

曙光一露破严冬，飘渺烟云绕众峰。
残雪犹存山似壁，红尘何处觅仙踪。

黄山

岚光斜照影朦胧，云色橙蓝带暗红。
松石斑斑残雪在，依然昂首傲苍穹。

荷花摄影诗选

白莲

冰清玉洁蕊微黄，隔岸遥闻雪吐芳。
细嗅近瞧心一震，从今再不爱红妆。

自迷

家住荒塘身处泥，平时一向调门低。
浓英绝色天生就，不是娇迷人自迷。

不平

晨雾迷蒙蝉叫轻，遥闻隔岸木鱼声。
莲花摄罢寺边坐，僧念南无诵不平。

姣素，题周先生荷花照

迷蒙薄雾锁清晨，倒影模糊更逼真。
未必深红翡翠色，淡妆姣素自迷人。

■ 王瑜孙

朱君振和以所著《短檠集》见赠漫题却寄

投老生涯托短檠，几多随笔此间成。
杂文时代应犹在，网上何须问后生。

亦雄患感冒就医吊针赋诗见告有感

枯坐最宜逸思飞，微闻点滴叩心扉。
外邪驱逐何由匿，五韵诗成感白衣。

汤山重建瑞相寺告成

瑞霭常闻笼善地，祥龙正见降神州。
古来今往徒增慨，寺废名存合有由。
重构伽蓝欣栉比，建成宝塔入云浮。
纪年应载汤山志，念到苍生佛点头。

■ 李枝厚

澄泥砚

久慕五台砚，一双千里来。
群龙追凤戏，卧佛坦腹咍。
质细墨无滑，汁匀毫不摧。
芬芳光焕发，日日忝君陪。

中秋望台湾回归

年年佳节夜无眠，骨肉分离望眼穿。
多少相思多少恨，堆山填海造新天。

小区新景

石台石凳设楼前，对弈吟书促膝欢。
最是一帮顽小子，常和银发两争先。

无题

独卧凉台仰视天，一轮明月笑人间。
有心相吐悲欢事，又虑星星在两边。

■ 张文豹

安吉舞龙

升腾四海正春浓，安吉此行看竹龙。
静伏渊中称潜卧，动飞宇内似冲锋。
翱翔气势通天地，奋发精神继祖宗。
雨顺风调年景好，民安国泰惠三农。

农民工回家过年

挤上车厢赶路忙，迢迢千里返山乡。
长年在外打工累，今日回家过节康。
父母门前迎爱子，儿郎屋内唤亲娘。
村民互道新年好，共祝龙年国运昌。

■ 周　华

鹧鸪天　日月潭

绿水青山日月潭，烟波荡漾泛游船。远山缥缈于天际，近鸟翱翔在眼前。　　湖似镜，水如蓝，南边新月北边圆。风光可与西湖比，谈笑风生忘返还。

鹧鸪天　阿里山

万里晴空阿里山，大巴盘绕入云端。峰峦耸峙看林海，香茗清扬不羡仙。　　三代木，姐妹潭，神奇故事古今传。树桩腐烂今犹在，国耻勿忘日霸天。

■ 袁定璇

念奴娇　祝秦山核电站发电廿周年兼呈友人

杭州湾畔，望蒹葭深处，鹭鸥栖息。几度暑寒惊巨变，核电秦山雄立。花木欣荣，烟尘无染，千里长空碧。能源新辟，欢呼科技神力。　　长忆建设当年，难忘最是，总理亲筹划。三代核心殷切嘱，第一安全优质。汇集英才，潜心探索，龙颔明珠摘。羡君华发，无亏时代天职。

念奴娇　看梅兰芳录音配像《洛神》

移步回眸蕴意真，珠圆玉润遏行云，满堂观众尽凝神。　　翩若惊鸿今又见，清如鸣凤旧曾闻，氍毹竞秀有新人。

■ 胥鸿程

虎丘奇迹

苏州景色眼帘收，夺目奇观在虎丘。
斜塔劲风吹不倒，断梁大殿竟长留。

采桑子　石湖美

上方山下石湖美，霞夕妍红，飞絮蓬蓬。垂柳飘飘迎醉风。　　放歌一曲情难尽，天色蒙蒙，云彩憧憧。往返骚人意未穷。

■ 赵继松

参观哈尔滨古梨园

松花江畔古梨园，大帅亲栽近百年。
倭寇侵华遭践踏，人民收复乐游原。

哈尔滨参拜杨靖宇将军像

阔别冰城六十年，重游道外故林园。
昂扬抗日英雄貌，不怕牺牲敌胆寒。

■ 卢　元

辞旧迎新杂感

一

岁尾回眸此一年，嘤鸣求友喜新天。
南瀛雅集多才俊，琢句寻章趣盎然。

二

国内门生纷贺年，隆情高谊薄云天。
英才得育称三乐，感念千般独怆然。

三

兔去龙临新一年，神驰祖国盼回天。
鼎新革故来真格，华夏复兴当焕然。

金缕曲　奉和乔老《迓辰饯卯书赠诸亲友》大作兼致众位诗友

梅萼曾开否？祝诸君，迎龙送兔，延年益寿。同气相求研诗道，不计加盟先后。且共醉金樽清酒。百岁光阴如过客，又奚须对镜伤衰朽。情不改，性依旧。

清词丽句饮佳秀。想渊明，倦飞归鸟，闲云出岫。举世夙云争粒食，冷眼白衣苍狗。何处觅箫韶雅奏？离合悲欢难预料，爇心香、但愿人长久。言不尽，元顿首。

■ 徐正彬

晚晴试笔

晚晴承旭日，夕照转明天。
试笔欣濡墨，陶熏返老篇。

朝暾之思

皓首勤求值，童心勇拓荒。
斜阳焚炽火，浴我焕晨光。

韵律之魅

迷人韵律潋吾求，火到青时任自由。
诗圣精工彰善美，谪仙豪迈洒风流。

题《牡丹鳜鱼图》

国色临流开靥笑，鳜花拢岸欠身睢。
两相睦处无猜妒，富贵荣华共与追。

■ 沈澧莉

禅诗书画社十五周年纪念

静安古寺善行昌，十五周年盛世扬。
书画诗家争笔腕，欣尝中午素食香。

㊟: 当场挥毫，素交面招待。

■ 胡树民

纪念鲁迅诞辰130周年

独立寒秋一伟人，梅花傲雪长精神。
投枪有意卫家国，匕首无情击溃军。
嫉恶如仇刀笔厉，祛邪扶正友朋亲。
凛然浩气冲霄汉，不朽铮铮民族魂。

纪念杜甫诞辰1300周年

一腔热血爱黎民，呼唤安居泣鬼神。
饮誉骚坛垂史册，咏怀情势动乾坤。

喜闻平叛官军颂，更念农耕春雨吟。
无愧尊为千古圣，继承更应重诗魂。

■ 张秋红

念奴娇　南湖

萋萋青草，共粼粼碧水，云天遥接。鱼米乡间春色好，烟雨楼东三月。红杏枝头，绿杨岸畔，鸟语芳菲节。画船摇影，又逢惊梦粉蝶。　　回首早岁先驱，南陈北李，奋起从头越。星火燎原怀往事，多少英雄豪杰！长夜前锋，远征向导，甘洒千秋血。喜看今日，九州风景奇绝。

一剪梅　井冈山

总为苍生解倒悬，踏上层峦，登上云端。饱经风雨觅新天，路也弯弯，血也斑斑。　　道义从来倚铁肩，爱满民间，春满人寰。八方星火尽燎原，红了江山，绿了家园。

六州歌头　书怀

神州环顾，回首泪汪汪。天地换，河山改，见沧桑。自难忘。历历当年事，独夫罪，沉沦耻，民族恨，苍生怨，断人肠。血雨腥风，月黑星寒夜，多少豺狼！叹哀鸿遍野，岁岁闹灾荒。满目凄凉。倍伤神。　　忆燎原火，远征路，封营口，渡长江。东方白，群英会，筑铜墙。胜金汤。素有凌云志，尝胆后，欲高翔。除妖孽，破羁绊，傲严霜。华夏雄心依旧，凭儿女，再铸辉煌。任文明古国，四海尽韶光，万里飘香。

■ 黄心培

秋草

抖擞风中气自骄，芳名怜解绿裙飘。
出蓝无悔遭天妒，那怕霜欺野火烧。

秋篁

霜催木落万枝残，威逞灵霄遍野寒。
作秀何堪萧瑟际，硬凭空腹报平安。

秋雁

欲返家园共奋身，自由无性铸贞纯。
年年守信何为本，大写长空恰是人。

■ 陈福田

寿周退密顾问

侠义平生重，门墙桃李秾。
自来仁者寿，百龄日东方。

秋柳

婀娜犹带三春影，憔悴空余百劫痕。
小蛮腰肢今何在？情怀无限谁与论！

登保俶塔

层层石磴盘虚古，步步踏来若御风。
登上崇峰复望塔，更攀塔顶入云空。

三潭印月

重重莲叶盖平湖，阵阵游人发棹歌。
九曲桥边停画舫，三潭月里戏嫦娥。

■ 王尚德

纪念云间诗社月课创刊一百期

十载诗为友，切蹉气味亲。
清风驱俗虑，朗月洗风尘。
佳句寻非易，妙词炼更新。
论今齐感奋，师古共咨询。
幸有老成在，随时可问津。
百期欣已届，鼓掌祝同仁。
创社人何在？曾经费苦辛！

云间掠影

崇楼广厦接云平，巷陌街衢纵又横。
到处园林留雅韵，几家宅第享高名。
虹桥横跨水流碧，佛塔高伸月影清。
今日人文欣蔚萃，九峰三泖更多情。

读《当代浙江山水诗词选》

新诗一卷枕边吟，两浙风光唤客心。
西子湖边寻旧梦，钱塘江畔涤烦襟。
越王台上朝晖朗，合掌峰前夜色沉。
回忆昔时游乐地，诸家手笔感人深。

注：读此书，使我回忆大学时代游西湖及解放后近几年旅游事。

浣溪纱　故园

忆昔此园养竹林，晨昏鸟语响清音，慈云霭霭感童心。　尘海翻腾岁月逝，萧条无复绿阴深，斜阳淡月独沉吟。

■ 丁萧寒

巫山一段云

柳岸青青叶，斑斑点点痕。斜阳西落近黄昏，掩上几重门。　一曲眉颦锁，忧思不知春。隔江相忆染罗裙，随浪赋诗文。

天仙子

万里阴云压乱世，急风携雨摧花蕾。飘红怎奈断肠悔。思满纸，泪溶字，退却狂潮怀旧事。

点绛唇　愁杯梦

愁夜贪杯，挑灯相伴听风雨。此为何处，半世蹉跎度。　陌上朝阳，白絮随寒舞。谁人语，耳边轻诉，常梦当年遇。

伤春怨

入夜风声紧，急雨雷声翻滚。院内绿芭蕉，落下新芽谁问？　万千相思恨，不见归鸿信。把酒解心怀，只有醉、伤无尽。

烛影摇红

雨急风狂，海棠一夜花香落。挑灯愁煞惜花人，直怨东风恶。　只恐心思难托。有谁知、床帏寂寞。长亭易别，锦书难送，如何了却。

■ 袁人瑞

沁园春　赞崇启大桥

万里长江，滔滔向海，鼓浪朝东。叹一江相望，能闻鸡犬；千年渡水，惟赖舟篷。骤卷狂涛，蓦生浓雾，最苦掀天起恶风。悲剧演，便樯倾楫毁，帆影无踪。　神州无限英雄。挽南北人民架彩虹。看银桩玉柱，通天拔地；宏梁巨拱，跨浪凌空。崇启情深，人文同脉，从此相携创共荣。欣回首，看长三角处，腾起苍龙。

■ 庞　湍

情人节诗赠老妻

双鱼处涸辙，以沫总相濡。
白首不离弃，丹心在玉壶。

沪上三大古寺

玉佛寺

玉佛寺前排队长，街坊老幼盼安康。
布施热粥尘间暖，社会和谐心向阳。

静安寺

闹市当中守寂庭，千年古刹自安宁。
愿祈佛手双垂下，摩得人心一样平。

龙华寺

赤乌兴建佛心丹，宝塔承天双鲤盘。
每到年关辞旧岁，晚钟阵阵祝平安。

注：龙华寺建于东吴赤乌五年（242年）。传说龙华塔顶曾有一盘，养着两条鲤鱼，乃镇塔宝物，天旱时也贮满雨水。

■ 季肇伟

离别情，十二韵并序

内人赴美探亲,三十余年首次独自过除夕，不由感慨万千。

一从离别后，万里思贤荆。
除夜谁相顾，荧屏独可倾。
欣儿权作伴，絮语岂堪听。
晓镜容觑见，衣襟泪尚盈。
愁肠抒百啭，绮梦切三更。
有恃常慵嬾，无依辄自营。
讯音虽直达，不复解心平。
旦暮频嗟恙，唧哝未了情。
水清将映月，山峻可怀星。
访友人迟暮，偕妻我笃行。
心期归远棹，身盼易宵形。
屈指航班日，虹桥十里迎。

注：宵形，鄙陋之躯，借指天寒腿病，行动不便。唐高适《留上李右相》诗：“恩荣初就列，含育忝宵形。”

相见欢　龙年避风塘与众诗友聚会

一

新春相聚茶楼，话金瓯。俯仰昆仑孤影映明眸。世风乱，人心散，几时收。放眼九垓何处觅方舟？

二

生平慵嬾清幽，作诗囚。岁暮迎新同酌赋赓酬。贺华旦，晓霞灿，倩春留。惠我身轻闲步信天游。

注：嬾，同“懒”，又意动作迟缓。陆游：“习嬾多遗事，时能害睡眠。”

定风波　梦南海

枕上诗成梦尚思，国魂疆域欲安之。曾母南沙云水怒，谁护？驱蛮逐寇决雄雌！　驭我貔貅三百万，骁悍，力除阴霾借雄师。话到国仇同敌忾，休怠，忠魂一檄慰宗祠。

注：貔貅,借喻威武之师。陆游:“胸中十万宿貔貅，皁纛黄旗志未酬。”

朝中措

今闻中国海监船编队在我钓鱼岛海域驱逐非法作业的日本“昭洋”、“拓洋”号船有感。

巡航执法逐倭船，读罢一欣然。东海警钟枕戈，海空睨视凶顽。　　乌云暂扫，海愁稍遣，雾霁晴岚。誓保金瓯疆域，掣鲸入海平戡。

㊟: 日本“昭洋”、“拓洋”号船，意“昭和”之海洋，“开拓”太平洋，狼子野心，昭然若揭。

汉宫春　思她

春已归来，眺大洋彼岸，天隔人遐。孤檠衾冷，独眠辗转情赊。三更梦醒，问无由、端的思她。惊蛰夜，谁怜顾我，枕边泪眼噙花。　　卅载难分牵挂，欲曾同往返，无计乘槎。慈亲飞美侍候，舐犊孙娃。萦牵别绪，伴愁眠、梦绕天涯。签六月，殷殷翘盼，何如乘早归家？

■ 贺乃文

徐家汇瞻仰徐光启墓

崇茔眠学士，虔肃仰高贤。
艺极华夷重，才通历算全。
逆阉妨建策，农政作新诠。
富国宜开放，徐公捷足先。

华泾镇东湾村瞻仰黄道婆墓

佳城松柏拱，虔肃忆黄婆。
泽被乡闾重，懋迁盈羡多。
琼州师技艺，海上授机梭。
引进谁倡首？斯人可颂歌。

㊟: 黄道婆别名：黄婆、黄母、黄四娘、巧姑。生于宋末元初，乌泥泾镇人。

春景

潇潇春雨歇，浅濑水潺湲。
柳绽千条嫩，花开九陌繁。
竹胎穿土出，燕子趁风翻。
垄上催耕紧，斑鸠镇日喧。

许村

芦溪之滨有许村焉。传为道家宗师许真君（旌阳）后裔聚居之所。村背山面水，幽静古朴。多植樟桉之属。是处以夏日无蚊而名于世。庚寅岁，余游兹。感山河之依旧，人事之全非，颇增辽鹤之感慨，遂咏。

一

溪浒村墟古，人家翠幕围。
山花随意发，野鹭自由飞。

二

水碧鱼罾静，烟深树影微。
真君离去后，唯见白云归。

友人邀跳舞谢不能

灯红酒绿醉颜酡，揽背搂腰舞步那。
慢四才完换摇并，快三方罢转探戈。
池中妙乐春风畅，座上嘉宾莞尔多。
我自生来柔骨少，不能承奉共婆娑。

浣溪沙　桃李争春

桃李争春未肯降。施朱傅粉竞优长。诗人搁笔细平章。　　李胜夭桃缘白净，桃赢秾李在红芳。两般姿色正相当。

■ 张宗廉

刍言

阳光虽普照，草木未均昌。
处境有优劣，生材竞短长。
荣枯不奇怪，恩怨自寻常。
识此心平静，坦然言感伤。

霜降

昨宵满耳又西风，晨至公园见动容。
同样寒温何异样？树犹无恙草成翁。

陈福田教授研究楚辞

市声窗外若无闻，容膝犹安品美文。
气傲虽思彭泽令，发枯独对汨罗君。

杞忧

人之患在好为师，智者不言言者痴。
儿女犹多不听说，反思可笑杞忧时。
审思莫笑杞人忧，陨石从来落未休。
更有天堂摇欲坠，问谁不惧祸临头？

■ 许冰雨

蝶恋花　代人戏赠

一

酣醉今宵非是酒，醉语滔滔，拼却双唇瘦。艳遇人间谁敌手？笑涡飞燕娇红透。　飞燕归巢云入岫，相望徒劳，终是频回首。嘉会何须日日有，清芬长在盈襟袖。

二

记得同游杨柳岸，注目千回，未饱红衫看。柳叶落时衫影远，短缘化作长长叹。　　别后怕经杨柳岸，别恨纷纷，更比杨花乱。冬日忽如春日暖，柳前重遇惊新倩。

三

倏尔白驹过隙去，一载欢游，欲把三生误。滟滟秋波蜜蜜语，春风秋月相思苦。　　蜜蜜又教心浪怒，邂逅秋园，滟滟犹如故。也知重会无险阻，别时毕竟难移步。

四

如梦如烟长忆旧，水畔桃花，正叹红如袖。杨柳楼头重邂逅，奇福万丈来何骤。　　一语已教心醉透，一笑嫣然，还赠双涡酒。愧我今朝颜更丑，欲飞首尔加工够。

五

滟滟眼波浑似酒，隔案无妨、醉却春心透。眼底桃花娇胜旧，银灯斜照青丝秀。　　相送不乘骐骥骤，缓步而行，也到分时候。自捍羞夸功力厚，今宵别恨真难受。

■ 张才得

春节晚会宣布零点

如看山海立欢腾，一刹那间兔变龙。
万事兴隆喧爆竹，佛堂撞响吉祥钟。

登苏州穹窿山

湖边翘楚数穹窿，老树清泉竹径风。
薄雾高天山叠翠，长桥波远水朦胧。
宁邦寺里孤忠在，兵圣堂中大智拥。
最是买臣闲不得，马前泼水戏文红。

注：西山长桥隐约可见，宋韩世忠在岳飞遇害后退隐于此，改禅院为“宁邦寺”。山有汉朱买臣读书台，戏剧“马前泼水”出其故事。

高阳台　穹窿山咏孙武

郁郁青山，盈盈薄雾，吴中第一高峰。陡径横穿，茂林修竹茅蓬。清泉凛冽衡门静，却后堂，冷灶尘封。得天机，睿智兵书，立壁从容。　　区区落得六千字，正流传万古，中外同崇。将令姬兵，血流惊震吴宫。驱驰千里传长捷，不吞钩，归隐无踪。倩谁问，何处江湖，终老英雄？

㊟：穹窿山为孙武早年隐居著书之地。“孙武苑”、“兵圣堂”在“茅蓬坞”中，立有铜像。《孙子兵法》被译成十多种文字，风行全球。又，为整饬军纪，孙武杀吴王爱姬；此后驱兵千里，直抵楚都。孙武终老情形，史不传，令人怀想。

■ 吴定中

悼亡辘轳诗

一

倩魂日对问何之？从此分居无尽时。
再睹真容须入梦，追怀笑语总成悲。
蘸将枯眼未穷泪，披写悼亡难了诗。
曾道先行便是福，不堪续下半枰棋。

二

再睹真容须入梦，梦中似幸续三生。
复听眷眷同心语，重见依依舔犊情。
一支拂素飞毫笔，满室镶金谱玉声。
但得时时追好梦，余身溢价价连城。

三

蘸将枯眼未穷泪，刻意安排尽意难。
然诺终身许两字，柳梅只影态千般。
胸存虚谷宜容物，手织长巾足御寒。
已到闲庭信步日，伊人合共倚栏杆。

㊟：昔日笑谈恋爱经过谓唯“然诺”两字。

四

曾道先行便是福，奈成福薄谶中人。
终天离别终天恨，满院芳菲满院阴。
家是从来连国是，性真无不见情真。
且将家国性情事，留与儿孙述果因。

■ 董佩君

临江仙　镇江古西津渡感怀

昔日灯明迷月渡，今朝人去楼空。闲来漫步觅遗踪。神游古道，江岸没葱茏。　　板屋清幽悬画轴，情融吴带当风。云烟散尽意从容。涛声不息，远望浪千重。

浣溪沙　冰雪牟尼沟

飞絮高原天路行，银峰如剑辩阴晴，悬河百丈若雷鸣。　　云卷银龙昂首舞，松迎仙鹤梦闲情，琼楼玉殿象无形。

风入松　参观扬州八怪纪念馆

飞雪残路湿敞空门，院冷近黄昏。当年八怪奇缘聚，丹青妙，齐破篱蕃。笔墨随心渲染，简繁错落云吞。　　今朝携女谒松轩，举目仰昆仑。古贤寂寞心无累，情深处，甘苦难言。淡泊神游艺海，何求另辟乾坤。

■ 周正平

贺唐逸览世先生画展成功

雪个清湘世所珍，冬心秋岳俱传神。
纵横逸览唐家样，大石斋前是锦春。

注：雪个，指八大山人；清湘，指石涛；冬心，指金农；秋岳，指华岩；四家皆唐云先生深深钦佩、取法之画家。按画史所载：唐代画家周昉，其画“有周家样之称”，在此借用前贤典故，誉唐云先生这一画脉为“唐家样”。大石斋，为唐云先生画室名。

■ 朱强强

高黎贡山

苍天鬼斧若神翁，云上冰山琢玉宫。
剔去红尘三百里，斜阳七色入图中。

注：高黎贡山位腾冲东，南北300里，高峰4000米，远眺如斯。

泰山

云过宗山碧翠琼，近天风景各峥嵘。
独尊五岳玉皇顶，牵手太阳成弟兄。

太行山

重山爱着绿戎装，松柏擎天扛起枪。
挺直腰杆看世界，沙场十万好儿郎。

注：过洛阳，远眺太行山，思及钓鱼岛，记之。

太公山

自古人生多苦短，太公白发对青峦，
上苍知道君高远，天目湖斟酒一坛。

注：太公山位天目湖侧，周慧珺题名。

莫干山

小村又见桂花开，夜宿深山青草菲。
莺唱引来巢外鸟，龙盘赶出洧边翚。
风吹潋滟池塘水，日照巍峨亭阁闱。
时值天凉归雁急，东南孔雀看双飞。

■ 吴易梦

咏菊

清妆何必百花衣，人淡如云纸薄微。
笑对秋风何所惧，霜天烂漫鸟儿飞。

山外桃源

池浅闻莲香，月白晾荷塘。
燕剪春水暖，风梳柳丝长。
鸡啄门前粟，鹅追村边云。
荷锄分春水，清明雨均匀。
草狗院外吠，柴扉自由开。
山深鸟影稀，生人隔山来。
远村炊烟直，近邻攀良媒。
夜雨应有情，润物知冷暖。
推门遍草花，抬头数泉眼。
爬犁三两亩，春播秋自收。
山泉煮新米，石磨豆浆流。
松枝熏腊肉，毛猪灌香肠。
绿茶清晨采，黄昏壶中装。
偷得一闲暇，品茗论芬芳。
屋后放牛羊，麻鸭养池塘。
云静衔峰翠，鱼肥挤满仓。
风筝向天上，依山放线长。
风轻明草色，童年也风光。
老叟布棋局，松下对弈忙。

谁为争名利，输赢都平常。
游僧肩披月，晨扫瓦上霜。
钟鸣孤寺院，尘世多遗忘。
莫道草庐陋，勤劳山不荒。
村酒煮五两，笑语醉一方。
神仙也羡慕，与我互探望。
不谈山外事，人生又何妨？

■ 谢春江

节气

节气转陀螺，无心去琢磨。
雷公惊蛰出，还唱旧时歌。

答君

答君疑问述因由，出口何多四句头？
苦事人间惟作对，能稍得意不妨收！

自况

春愁夏梦了无痕，叶落归根近兑真。
夤夜节能灯续日，眼兼青白访诗人。

注：“眼兼青白”非阮籍的青白眼，系指老眼昏花，集青光眼与白内障之困也！

黄旭先生七十大寿有寄

滚滚热肠交不疑，直言无忌正心期。
人生七十平平也，似子古稀今益稀！

咏邵益山吟丈之人物诗

分明雪个授奇招，勾勒不烦工笔描；
世象人心过来事，居然一并赤条条。

注："雪个"，清书画家八大山人之号。

■ 金嗣水

参观植物园盆景园

一松一石巧安排，百态千姿入眼来。
山水浑然得天意，乾坤尽在小盆栽。

咏梅

风扫江天万里冰，玉枝不绽俗魂灵。
铅云翻滚雪花舞，金蕊初开雅韵增。
淡淡幽香浮暖意，铮铮铁骨有柔情。
昨宵梦里看疏影，已惯炎凉心未惊。

■ 沈护林

新春正月十九雪赏景于千年古刹

祥龙送瑞满中华，幽赏明时雪片斜。
又是芳菲一年景，迎来好运乐天涯。

写葡萄图以赠谢磊道友

谢天美意吉祥花，磊落高棚禅果嘉。
幽鸟日来飞有约，珍珠满腹灿如霞。

题五行图

大地清幽山水依，春风花树向阳辉。
此生怀抱芳菲景，剑胆琴心自在归。

■ 刘振华

读诗偶感

诗人爱咏秋，借景寄情幽。
莫让浮华梦，少年成白头。

青玉案　初握手

中国国民党主席连战率团名曰《和平旅》，亲民党主席宋楚瑜率团名曰《搭桥旅》，新民党主席郁荫明率团名曰《民族旅》，先后于2005年4月，5月和7月，从台湾飞来大陆首访。中共中央总书记胡锦涛与之会谈，共商祖国统一，民族复兴大业，达成共识，倍感兴奋，特填词记之。

一

台湾海峡人为堵。叹年月、分离苦。历史潮流冲险阻。邓公清雾，辜汪筑础。九二和风鼓。　长城内外春光楚。旅旅归来祭先祖。大会堂中心愿许。复兴民族，宏图共谱。华夏蛟龙舞！

二

台湾海峡纾迷雾。暖流涌、千帆渡。宝岛今贤归若鹜。中山陵谒，祭轩辕墓。访友寻亲故。　京城绽放花千树。两岸炎黄脉同步。一统江山和睦处。锦涛连战，功劳卓著。一代擎天柱！

■ 颜志忠

含羞草

遇事俅俅先认错，不关原则也佝偻。
可疑愧疚非真挚，还要人家触指头？

窗外一棵树

窗外一棵落叶松，今春莳植到城中。
留痕道道刚松索，挺杈根根已指穹。

映带丛林遍山绿，梳妆闹市满街红。
夜来谁解思乡苦，灯下身斜向北躬。

冬

暑往寒来天注定，世人扬颂却难评。
春华秋实观光景，地冻山荒肃杀名。
没有寒风枯杂草，哪来暖气发新生。
循规积雪封千里，不屑门前冷眼横。

武陵春 兔龙交班对话（新韵）

帅弟金龙何太急，一路卷喧哗。让我城区挂绿纱，再扯一泓霞。　　你为文明花烂漫，双眼累红啦。再度腾飞有我达，兔姐快回家。

■ 李文庆

咏荷五首（选三）

一

清池静如镜，玉叶露珠圆。
一觉千年梦，娇容映日鲜。

二

云影徘徊镜里天，清风清水漾清涟。
一湖芳馥人欢闹，争数青青白白莲。

三

一枝红艳透芳鲜，袅袅凌波自在仙。
嫩蕊微醺香馥馥，翠裳曼舞影娟娟。
娇容岂怨风姨妒，净骨幸逢河伯怜。
珠露寸辉映朝日，扬眉含笑舞清涟。

南歌子五首（选二）

甘棠苑怀召公

玉蕊千秋韵，冰魂一树诗。清芬满苑说先师，高咏甘棠、万代仰风仪。　　莫让弦歌歇，飞声惹梦思。结茅听讼更凭谁，催动春潮、华夏共晴晖。

上虞东山怀谢安

潮恋东山月，松吟古越亭。茅庐书案一灯明。阅尽千秋、高卧待龙腾。　　海内风云阔，胸中劲旅兵。对枰谈笑九州平。华夏同欢、春醉听嘤鸣。

■ 张忠梅

题虞美人花

传说虞美人原是一种生长在山坳里的无名野花。楚汉相争时，霸王兵败垓下，四面楚歌，虞姬为励其突围，起舞相激，舞毕自刎，鲜血溅洒野花之上，花朵顷刻美丽无比，后人即以“虞美人”为此花命名。

一

丹染香腮裙饰娇，虞姬含泪舞妖娆。
婷婷袅袅东风里，引得英雄竞折腰。

二

玉面霓裳别样姣，翩翩歌舞动云涛。
休言嫩萼胭脂色，应羡蛾眉剑气豪。

听歌龙泉湖

一

龙王山下白鸥闲，村舍桃花水一湾。
何处渔家唱新曲，烟波万顷驾舟还。

二

龙王山下碧波潭，渺渺茫茫水接天。
点点渔帆逐轻浪，鱼虾满载唱归船。

鹧鸪天 穹隆山怀古

跃上穹窿人作巅，湖烟渺渺望南天。尘封多少兴亡事，隐约青山绿水间。 寻旧迹，拜先贤，细温兵典十三篇。春秋吴越谁评说，碑刻题留自有言。

■陈 青

冬日口占

霜怜菜麦叶方萌，树恨虫蛾茧早成。
雁带寒声疑有信，云囤雪意总关情。

偶感

茸芽破土露奇英，雏燕翻云壮远征。
树历灾埋煤火旺，泉由心洗碧珠清。

庐山松涛

地育奇山山育松，虬枝铁骨舞从容。
斯民是母心潮热，闷鼓沉雷上险峰。

黄山云笛(十二选二)

山雀

一袭青衣翠尾长，松林竹海去来忙。
嗟汝空具腾云翼，掷却年华百步冈。

古意

天都泼雨洗长空，绝俗清新五老松。
翠臂轻抬云雾起，沉吟略与坐禅同。

■ 程庆长

仙都游五首

鼎湖峰

一鼎遥遥玉笋中，坠开湖面洒天风。
只闻老道曾相睹，羡煞众人望碧空。

黄帝祠宇

曾传轩帝此盘桓，未见丹炉瞅有丸。
祭祀不期阿堵物，祖先是否寝难安？

仙都

龙颜御旨下旌闾，雾霭山峦化玉庐。
从此晋云名盛远，鹤鸣一曲助传书，

火山遗迹

凌虚遗迹觅珍奇，赤焰焦岩作险夷。
全赖神工施造化，焚身坑立显无疑。

古山居

山锁重门雾掩枝，瓦墙斑驳傍溪池。
茶姑村叟恬然乐，稚狗雏鸡会自嬉。

■ 刘喜成

咏梅

寒风吹白玉，远望一园新。
雪舞添香醉，霜浓入梦真。
枝疏多有节，性洁爱无尘。
花落牵诗句，谁思树下人？

元宵节再吟

一片灯花逗客迟，过云街市也怜之。
或曾雨动明珠处，恰在风吹紫竹时。
塔影茫茫当矗立，游人阵阵可参差。
歌牵南北龙吟赋，拧亮楼头好写诗。

黄浦江畔漫步

柳牵竹叶醉新容，拔地云楼梦幻中。
两岸春声花烂漫，一江灯火月朦胧。
风来潮去歌如海，帆卷云舒塔似松。
仰望明珠留倩影，吴侬软语伴车龙。

东风第一枝　梅

韵沁冰心，梅开老树，何来点点红蕾？一枝清秀擎天，半面横斜映水。挑云斗雪，渐摇醒、残冬昏睡。对冷夜、百态千姿，红脸绽开惊喜。　　多少爱、去来可否？凭记忆、醒来幽会。梦回故地当歌，浩然雄浑滋味。放开幻想，又当赞，呼春牵瑞。傍竹韵、还戏青松，偷笑百花争美。

南浦　春怀

黄浦又飞香，绮梦回，帆牵竹影鸥鹭。新绿涨西楼，飘微雨、春卷曲花诗絮。波光荡漾，紫霞生处流莺舞。彩云月渡。歌南北长街，柳风何处？　　常怀往日真情，忆钢铁千军，雄姿如虎。百塔野云疏，听春过、犹念袖沾寒雨。灯光笑语，问谁提笔凭栏赋。寄怀几许，长梦叶纷纷，携谁归去？

■ 朱化萌

浦江归帆

自小住在江边，听江上的汽笛声长大，后离家三十余载，历经沧桑，终于重归故里，不胜感慨，赋句抒怀。

当年远别自茫然，未敢轻言可返迁。
冷雨狂风惊骇浪，浓霜厚雪盼安舷。
中秋望月乡关断，盛夏听风汽笛传。
日出云开霞万道，远帆终泊浦江边。

醉花阴　游上海植物园

正月初二，风和日丽，闻上海植物园用特技令春花盛开，兴往游园赏之。

寒雾浓霜春料峭，暖室催葩早。香草吐兰心，娇艳鹃花，国色嫣然笑。　　青松翠柏严冬傲，骨格堪称耀。深园粉墙旁，一树黄梅，千朵幽香绕。

霜天晓角　探梅不遇

探梅忆旧，去岁元宵后。名园展姿丰韵，香雪海、冰魂透。　　今日重访秀，斜枝疏影凑。休道不争春令，只因早、花颜瘦。

采桑子　淘书乐

新春晴日逛书市，满目琳琅，经典篇章，中外精华汇一堂。　　欣知优价出奇惠，油墨飘香，塑袋欢装，倾尽寒囊喜若狂。

■ 龚家政

农校六七届同班同学首次联谊会

前尘回首慨然歌，鬓发披霜感触多。
爱昔几人成沆瀣，喜今众友未蹉跎。
情凝耕读惊年逝，缘结芸窗耐岁磨。
一幅写真堪纪念，从头漫忆旧烟波。

参与编撰崇明县志两年感赋

一

应邀走马到县台，信笔耕耘史卷开。
大义不容真伪混，微言便见贬褒来。
优良书画诗文选，劣质言词字句裁。
两载方知个中事，韦编原不似吾猜！

二

最宜守拙别兰台，枨触抒情壮气开。
修志总须滥言去，赋诗但有感怀来。
名山伟业真诀在，厄孔腐迁椽笔裁。
极左难除归一默，孤行独醒不疑猜。

■ 张志康

盼得《上海诗词》丛书，竟夕攻读

绿使传梅何太匆？书函未入信箱中。
夜来春冻拥衾坐，心诵神专展卷攻。
深悟观鱼情理彻，细研酬唱韵声同。
忘听清漏悄然逝，忽忽终宵窗映红。

㊟：颈联“观鱼”、“酬唱”均指《上海诗词系列丛书》的相关栏目，即“观鱼解牛”与“风云酬唱”。

沁园春　赞闵浦大桥

拔地横空，勃发雄姿，跃过江龙。悦双层高架，各驰遐迩；川流不息，煞是繁荣。汽笛轰鸣，樯桅林立，水陆分航捷达通。将垂暮，望灯光灿烂，一片霓虹。

遥思昔日飘蓬，尽苍水、茫茫苇带风。怅渡船迟缓，人潮拥挤；黄昏趸泊，白雾江封。阻隔东西，叹如天堑，终喜春雷贯碧穹。换新貌，纵涛声依旧，乘驾情浓。

■ 倪卓雅

赠诗友

欣遇吟边客，师从一字谋。
放翁怀北国，屈子泣神州。
拔剑挥云动，听琴识水流。
诗坛桃李盛，伉俪更情稠。

病中望月

万里穹苍宝鉴开，清光愁照有人哀。
月宫捣药殷勤兔，底事无能祛病灾？

外滩老年健身活动即景

长堤破晓醒申江，笑语乘风十里翔。
飒飒舞龙惊海鸟，咚咚击鼓唤春阳。
功夫扇底功夫硬，呼吸操中呼吸强。
对镜额纹浑不觉，何悲白发在高堂？

■ 邵益山

探春

一冬思碧草，兴致独探看。
柳瘦芽轻破，风微面渐寒。
天空云涩涩，道上辂漫漫。
辛苦从春始，念之心转宽。

老母眼病住院奉侍感赋

少读孟诗安识味，膝前戏说报春晖。
纵无扼虎杨香胆，尚有娱亲莱子衣。
心苦只缘多爱意，眼枯应是用情微。
百年恩泽奚图报，老树斜阳鸦翅归。

登吴淞口古炮台

雨洗风侵铁骨存，朝天向海凛然尊。
炮声隔代滩前炸，敌舰同时水上翻。
将士捐躯惟有血，书生报国岂空言！
凭栏四顾多慷慨，几处笙歌不晓暾？

顾渚农家乐五首（选四）

忘归亭

道旁独立越千秋，只为前缘待陆侯？
来去悠悠饮茶客，更无一个一投眸。

注：据说陆羽考察顾渚山茶，曾在此亭歇脚，並与释皎然朱放等在此亭品茗吟诗而忘归，亭边有一石碑上书金沙泉。

大唐贡茶院遗址

石刻依稀识古崖，万人采摘日西斜。
竹梢犹卧唐时月，世上谁知顾渚茶。

注：据说顾渚大唐贡茶院规模宏大，从事采制的夫役多达三万人，固定的制茶工也有千余人。

有感

村中购得一截树根内藏残蚁数十，许是槐安国遗民？思之怅然。

本是槐安国栋樑，蚁兵刀剑毁阿房。
案头思想槐安史，世事真如一梦长。

晨过农家邀饮茶

竹径微尘带露斜，东坡日出二三家。
和鸣鸡犬非天籁？邀饮霖泉品陆茶。
千载唐风杯底溢，半生诗句梦中嗟。
闲谈不觉光阴老，揖别归来拈落花。

■ 陈繁华

立体预防

和谐国力升，防范警长鸣。
鼎立空中站，龙游地下城。
减灾消事故，平战保民生。
各级齐参与，神州处处营。

春日随笔

映日云如画，窗前见鸟姿。
有情皆是韵，无意不成诗。
碧柳谁怜媚，红桃自写痴。
句成人北望，心曲问当时。

辛卯腊月有寄

菊后梅开处，痕留迹尚香。
兔姿偏可爱，龙态总呈祥。
暗检年诸事，轻翻岁一章。
临屏三百日，诗谊尺难量。

■ 孙　玮

西山春晓

天外寒星湖外灯，洞庭山色渺无痕。
桃花万朵茶千树，半入烟云任吐吞。

蝶恋花　读吴湖帆先生晴日春霭图

笔下青山春烂漫，谁御东风，剪罢芦芽短。野径幽庐童鹤懒，穿云柳笛惊雏燕。　　滚滚红尘谁老倦，试问渊明，何处桃源见。了却平生鸿鹄展，几人把钓烟波畔。

■ 吴心怡

无题

路失瀛洲无意寻，蜃楼坐海夜沉沉。
星遥自有横桥鹊，病渴空怀取酒金。
歌乐犹从南阮调，舞衣还报北堂心。
何当蓬转江南驿，菡萏深时忆采蘋。

■ 徐俪成

无题

读诗渐觉古人遥，拥被无眠愧鲍焦。
漫卷胶衣出敝舍，倦看流火蹙天桥。
危楼影逐腥风落，征客梦随浮雨摇。
百里浊灯惊木魅，一声寒泣破春宵。

■ 钟　菡

无题

可叹三月不为春，一片寒烟锁俗尘。
连日漫弹思故曲，中宵虚待赏花人。

忍将琼佩结无物，谁令多情误此身。
自是郗家难复得，沉檀欲注泪沾唇。

■ 陈以良

无题

春寒瑟瑟暖风迟，瘦雨枯藤轧柳枝。
宛转江湖嫌绿少，寻幽故纸觅相知。
千金一诺丝毫客，片语多情懵懂诗。
但执仙人五彩笔，人间竞夕碧柔姿。

清明节有感

寒食追思出远门，无烟细雨一家村。
鱼浮碧水接天露，蚓吐春泥护草根。
寂寞黄陵盼日暖，添香陌土感泉温。
英豪肯为知己死，荒野苍山浪漫魂。

白玉兰

凝神执剪望春裁，岂是仙人雪里栽。
玉臂交辉墙内影，楚腰束素镜中台。
离尘倦俗携香去，比洁登高踏梦来。
万朵千条齐聚首，纤纤只愿对云开。

咏牡丹

白紫红黄各弄姿，天香国色谪仙诗。
花田聚客古犹始，浮海探春道有差。
落日飘寒风摇朵，依星带露月含枝。
北方佳丽偏怜冷，炽热捧心犹是痴。

■ 田宁疆

无题

摹演家家黄口孩，描情扮角活灵来。
读书争座分边界，习稼关怜无两猜。
半世蹉跎音绝路，一朝邂逅涩绯腮。
不期岁月从头度，藏得真真慰首皑。

水龙吟

硝烟散尽神州，先驱血沃华英盛。欢歌荡漾，红墙绿树，轻舟塔影。辰巳阳晖，昆仑劲草，志诚心圣。破晴天霹雳，导师挥手，有吾辈，擎旗横。

君储几番钦定，到头来，小平衔命。春风而立，乾坤翻转，黎民庆幸。探路于今，寻猫摸石，鼠龙纷逞。问天清气朗，民丰国泰，几时探鼎？

■ 朱明歧

壬辰年情人节

情人节里少晴天，愤怒雷公问世间。
千古挚襟何处去？倾盆暴雨摽梅残。
焚香袅袅伴君舞，秉烛幽幽照鬓颜。
对镜追思成电影，抱衾独梦亦翩然。

■ 周洪伟

赏荷

田田碧叶满池塘，菡萏花开着粉妆。
莲藕身从水中出，污泥洗去奉清香。

偶成

一

假作真时真亦假，红楼一语妙生花。
追寻诚信天涯路，万里风霜难到家。

二

曲水流觞娱晚晴，唐风宋韵伴余生。
早年无意逐章句，谁料老来音律成。

无题

附体病魔缠半生，空怀壮志事难成。
年轻挑担肩无力，至壮攀峰气不赢。
研墨挥毫乏精彩，操拳练武欠峥嵘。
徒哀岁月蹉跎过，毕竟胸中意不平。

养生

保健养生期耄耋，阴阳寒热问医家。
米仁去湿天天粥，蜂蜜清肠日日茶。
水果助餐无忘添，洋参补气有时加。
自身体质须牢记，对症施方定祛邪。

■ 季　镔

诸物之语

蚌语

美人首饰富家羹，圆润珍珠择上乘。
沙砾蠕虫侵我体，几多痛楚始揉成！

蛙语

自评灭害不偷懒，贡献尽知非等闲。
只为功高自夸耀，通宵聒噪惹人烦。

麻雀

家族曾遭灭顶殃，鸣锣恨不杀之光。
而今平反谢人类，勤捉害虫毋抢粮。

樟树

馥郁吾身樟脑浓，可充梁柱与箱笼。
纵成小块碾成粉，也可柜存驱蛀虫。

纸鹞

莫道天高任我翔，无前荣耀敢张狂？
不借线长风力足，何能一览好风光？

怀念已故诸同窗

难忘诸君昔日容，舒眉笑靥各殊风。
求知掘井功均异，报国衔环志必同。
别后惜乎无雁帛，重来痛矣失芳踪。
人生倏忽古稀过，哀罢落红珍晚虹。

■ 顾方强

夜宿月河二章

江南三月，春雨绵绵，所宿客栈，古风盎然，枕河而居，恍回老家。感于嘉兴月河古镇清冽可人，赋得二章以记之。

一

花橹渐远夜还喧，袅袅田歌共雨眠。
梦里家回河枕月，窗前旧戏抱茶酣。

二

巷去清幽客舍寻，虹桥踏月饮琴音。
与君执手千杯尽，烟雨飘春忘锦衾。

世纪公园二首

一

鸥翔仲夏羡人渔，一鉴羞荷雨霁舒。
意乱情迷纸鸢寄，斜风细柳镜天湖。

二

几羽惊鸿处处啼，游鱼历历醉涟漪。
轻烟向晚柳阴下，回看霞红飞晕知。

注：镜天湖为上海浦东世纪公园内湖，人工挖掘而成。两头通着张家浜。

■ 董明高

忆旧

匪独呼效禹，越吟攀绝峰。
扬音师授业，压韵道承宗。
露宿人心险，潜行兽目凶。
何当至迷惑？指笑尉迟恭。

述旧

但捂愁心别，劳农戏寡闻。
阴阳徒逆转，黑白尚闲分。
厌斩箖箊竹，嫌遮崿嶂云。
西畴逼芜长，日脚故园曛。

注：箖箊，越女试剑之竹。

存旧

食野喧呼鸟，追风大拜年。
黄云翰无息，白雪客临川。
斗酒山村杏，囊诗水寨莲。
攀峰童子急，鼓噪索桥颠。

注：“追风”，追随前人的风尚。“翰”，书信。

训孤梅

腊八遗风盛，孤梅急出枝。
肥松山月色，瘦竹浦阳曦。
追日免劳己，抢时休怨伊。
迎春花未发，渴雨直须思。

注：“肥松”，树干上堆积松香的松树。

学舌

直上昆仑顶，鹦哥仰止鸦。
赳赳狐击钹，厌厌狸吹笳。
深晦魅相语，浅明魑自嗟。
昂头教卷舌，和者四音沙。

向梅

得向子长句《梅花笔筒咏》，见用韵阴阳相间，与某暗通，喜不自胜，步原韵短句奉和。

伐檀从祖师，树木自扶持。
体魄勤将养，灵魂苦灌滋。
红歌疑有惑，白帜惑无疑。
恶处山樗臭，梅烦屈节姿。

人材

杪椤鲁相遇，见过脱霓裳。
落托无时哭，升迁有日伤。
倾壶诗满斗，把剑舞齐场。
胯下谁犹读？霸桥通九章。

注：“见过”，来访者。

倦游

瞒天谁作孽？老叟玉茭枯。
虱子赢牛马，蛆儿瘦犬猪。
来辕高票价，坐轿少人夫。
雁塔登墀顾，西行笔厌呼。

㊟:“来辕”，来访的车乘。

老龙

抱恨龙昂首，春牛入藉田。
才然遭忤逆，已矣掩流涟。
就使荞花岭，须如芡实泉。
风和东曙月，静海早行船。

㊟:“龙昂首”，江浙民俗，二月初二日，龙抬头，春耕始。

迁乔三首

一

悬崖子规别，有请自南来。
苦透枯伤手，愁深瘦损腮。
斯谁藏国色？彼己养家财。
毕事中流下，幽思惹众猜。

㊟:“彼己”，功德不称其位者。

二

此入莲浦宅，饱含娇客情。
孙顽殊可望，祖拙不堪鸣。
雪虐人非乐，风摧事竟成。
儒衣恶凝汗，负重月同行。

三

感悟茅庐漏，爷娘养我长。
人诽旧几榻，我赞老麻桑。
雪下枯黄柳，风中瘦白杨。
椒房凭妒嫉，进屋透心香。

■ 何积石

杭城纪游

目醉意翩翩，行吟落日前。
相思千里近，快活一身旋。
才酌西湖酒，又尝片儿川。
仙霞山色忘，分得彩云天。

注: 片儿川，杭州面点的称呼。

涂抹

一

自寻烦恼说因缘，诗画争强造诣鲜。
渐见先贤情未了，翠峰招认墨池前。

二

万古云山小样添，空蒙生气用心拈。
不拘风雨丹青外，得失同参韵味甜。

偶得

行吟偏爱晚来秋，满眼窗前万古游。
大海云飞回水处，群山松劲驻江头。
用功怀旧人文别，着力迎新岁月留。
调入生机偏好事，欲从神韵尽风流。

采桑子 学印遣怀

依稀梦得云天石，镌刻什么？秦汉情歌！醉眼书生铁笔磨。 昆仑鬼斧神工志，万里山河，变化经营，阅尽沧桑韵事多。

遐方怨　读《黄宾虹全集》

浑水墨，秀丹青。洒脱诗生意，翻新画满庭。动容山色自随形。眼前风趣付沧溟。　　从内美，复安宁。老树溪桥接，虚怀锦绣停。觉新真性发神灵。好生千古事温馨。

■ 周道南

赞许昂

市老年书画会许昂同志捐献历年画作与长宁图书馆，诗以赞之。

戎马生涯四十年，几经风雨几硝烟。
已酬壮志谋民福，未负韶华舍我先。
儒雅情怀兰与芷，离休光热笔和笺。
丹青件件堪称宝，慷慨捐公算息肩。

浙江乍浦瑞祥寺重建落成，次吴祖刚、周退密两老韵

戎马生涯四十年，几经风雨几硝烟。
已酬壮志谋民福，未负韶华舍我先。
儒雅情怀兰与芷，离休光热笔和笺。
丹青件件堪称宝，慷慨捐公算息肩。

■ 季　军

莘庄会友人

壬辰丽月原中国人民银行暨中国农业银行上海县支行漕河泾营业所部分退休同仁欢聚闵行区莘庄公园赏梅，踏地而歌。

冷蕊飘香傲颢穹，小桥流水唱峥嵘。
青蚨肆虐真情薄，垂白相知实意浓。

■ 胡熊飞

壬辰元夜

准拟观灯随处行，奈何无赖雨窗声。
天公也是多情种，烟火缤纷娱晚晴。

惜别

啼莺拂晓梦回时，惜别幽怀浑若诗。
最是清闲无赖月，不钩更漏只钩辞。

诉衷情　无题

胭脂消息近何如？憔悴白胡须。只缘谢砌潜越，携手指津途。　　追往事，叹今吾。换谁初？一帘幽梦，百里风霜，几夕欢娱。

探春令　本题

重携词笔，更携芳酒，能如当日？醉颜几夺梅红色，个中味，便难述。　　杜鹃未叫何须急，惯啼将春毕。幸有它，锦稿香笺，留下我与莺花昵。

■ 沈钧山

谒海瑞墓

踏访苍黄到墓园，肃然瞻仰海公魂。
自无能见真人面，冉冉斜阳向暮昏。

天涯海角

海天寥廓敞晴明，万里观光到此行。
浪拍沙滩金炳粲，石撑穹宇玉青莹。
舒波浩浩胸中扩，征路漫漫脚下呈。
天若有涯天亦小，海如无角海长平。

浣溪沙　南临三亚

扑面腾腾好热情，蕉风椰韵碧涛鸣。乐游吾土最南城。　　玉宇琼楼飞色秀天涯海角耀辉明。欣荣处处不虚行。

■ 陈明南

乌衣巷口有感

朱雀桥边遍地花，乌衣巷内有名家。
但闻夫子庙新乐，且看秦淮河物华。
情侣呢喃过闹市，孩童嬉笑逐飞车。
高墙石砌今安在？旧事毋忘更爱它。

夫子庙前有感

巍巍大殿史悠悠，斗转星移几度秋。
往昔先师尊主圣，如今胜迹作园游。
欲祈福祉祈灵物，不买诗书买彩绸。
商铺酒家金斗进，秦淮河畔有谁愁？

㊟：夫子庙前特制幸福树，供游人悬挂彩绸，祈求幸福。

过香君楼

古楼曾是李姬居，纨扇桃花美画图。
阛阓京畿萧飒地，舞厅吧馆繁华区。
棋牌茶室心闲否？足浴按摩身健乎？
有问秦淮河里月，六朝故事可忘无？

■ 纪少华

安吉行

畅怀竹海觉轻松，一叶行舟绿浪重。
天籁生泉幽玉笛，冰崖叠韵静金钟。
解开心结空千岁，飘去诗思驭百龙。
始信古贤存亮节，凡尘路上有仙踪。

诗会有感

■ 彭国强

诗林老马正登台，词海新花已盛开。
李白闻知携美酒，豪情滚滚笔中来。

观景

傲雪苍松挺陡坡，涧边幽草雨滂沱。
山鹰逐猎飞沙石，海燕追渔破水涡。
放眼岂迷妖作法，壮心何惧病缠磨。
既行蜀道终难返，世上征途总有波。

蝶恋花　怀亡姐妹

昔折双花归幻境，夤夜迷离袅袅飘云庭。乳齿未全空对镜，黄毛已掉成云影。

相处悠悠犹似梦，蹙额低眉雨泪忽飞迸。生死诚为天注定，依依惜别当平静。

■ 郑建军

公园即景

百年长寿老，园始兆丰名。
池浅相闻笛，天高远见筝。
小桥云却步，细柳雨初晴。
少妇催归晚，子缠娱水清。

看电视《中国达人秀》

卫视东方海上风，达人才艺秀屏中。
民歌蔬食劳歌事，洋调今吟送你葱。

壬辰元日

一

洋场十里路匆匆，见首龙吟海上风。
施惠千家寻格律，劳歌一曲和穷通。
长虹半落高楼外，江水尽摇明月中。
万国衣冠堪指日，扬帆远渡百川东。

二

问舍求田客雨津，走南闯北滚红尘。
鸟来鸟去非凡鸟，人哭人歌亦达人。
惯爱白云浮旷野，习闻黄犬卧荒滨。
风烟苦乐年华过，两没吃斋闲鹤身。

㊟：曾撰一联曰“吃苦吃亏，大肚方能成大器；没心没肺，无忧必定是无求”，“两没”加“两吃”故为“两没吃”，斋号是也。

■ 朱余德

戏作“接财神”一首

爆竹何须成日响，公明早已昧心肠。
猪攀狗附非奇怪，马拍牛吹属正常。
最宠信徒贪墨黑，独尊本色臭铜黄。
愚君不解潜规则，暗道方登富宅堂。

■ 周贤彭

贺杨风生老师华诞三首

一

不羡当今食有鱼，杏林挂铗日勤锄。
传来喜讯新研墨，寿字当为八秩书。

二

华堂幽静满书香，雅韵余音不绕梁。
享誉骚坛成泰斗，为人作嫁寿无疆。

三

高寿童颜镇杏坛，莘莘门生青出蓝。
漕港流觞为祝寿，鸥盟四海集江南。

■ 柯玉娇

新春自勉

放眼新春满目丹，图腾岁岁保平安。
潮平汐涌澹恬识，信步闲庭天地宽。

北大遐思

秀水涟漪碧翠缠，未名湖畔念前贤。
黄钟大吕音宛在，博识雅风文翰巅。

■ 曾小华

忆秦娥 悼亡父

声呜咽，凄风梦断华盛月。华盛月，先严仙去，悲情伤别。　冷烟衰草清秋节，闵行墓道音尘绝。音尘绝，泣声泪拜，鹤园陵阙。

注: 斯年，父亲仙逝十八载矣！“华盛月”，指父亲在闸北华盛大楼仙逝；“鹤园”，指闵行仙鹤公墓。

沁园春 赞上海辰山植物园

沪地西南，秀丽辰山，三泖迭峦。看自然生态，百花古木，水生世界，坑矿花园。四海奇葩，五洲温室，搜集稀珍胜洞天。甚欢喜，有钟灵毓翠，苍润心田。　人间仙境娇妍，那鸿瑞呈祥传福缘。赞城郊绿肺，大观园景；科研展览，璧合珠联。慧眼高瞻，濒危拯救，诺亚方舟新纪元。堪称颂，这绝佳秀色，泽霈源源。

踏莎行 贺老年大学同学秦大姐新婚

秦姐新娇，吴郎俊俏，交杯合卺欢声闹。催红脸颊靥春潮，新娘妩媚眉弯笑。

情意缠绵，芳心不老，遐龄难隔相思绕。同心红烛照新娇，和鸣鸾凤情真好。

■ 施提宝

辛卯腊月自寿

六旬虚度似浮鸥，霜鬓全为忠孝谋。
世道风云勤识辨，人心冷暖苦追求。
怀诚洗耳听褒贬，积善舒眉对喜忧。
借得十年南岳寿，赋诗千阕对天酬。

酬兄嫂

悠悠一梦到扬州，游魄寻根遍索求。
碧树莹园无觅处，华堂家塾变荒丘。
若无兄嫂延香火，怎供同胞解乡愁。
惆怅悲歌难自禁，凭阑抛泪问悬钩。

读《诗铎》第一辑

一盘瑞脑一杯茶，黄卷荧灯对漏沙。
先哲遗音醍灌顶，名流新赋目无斜。
疏狂指点山河赞，忧愤膺填爱国家。
更喜嘤声诚可贵，骚坛后继总无涯。

相见欢　春之杏苑

生来雪蕾冰葩，洁无瑕。点缀园林无意妒春华。任蜂刺，忍风噬，立枝桠。昭示嚣尘无欲最清遐。

相见欢 春之荷塘

漫塘碧色迷人，性清纯。风起珠旋霜露洗浮尘。葉抖擻，蓬妍秀，子莘莘。更有淤泥之下藕勾魂。

题《文竹岛》

威廉•霍尔曼•亨特（1827-1910）的《文竹岛》（1860年，布上油画，20×26厘米，伦敦美术家协会）是一幅很有特点的海景画。耀眼的用色，整幅画几乎就是靓蓝和鲜绿组成的，满世界的碧波都在荡漾着，礁石与海水的颜色浑然一体，岛上只有野生野长的青草，贴着礁石的缝隙顽强地生长着，那绿色鲜得让人动心。

海天一碧绿如蓝，礁岛蓬莱境似仙。
草色青青春翡翠，人声寂寂燕钗钿。
行云潮尾沙滩路，瀚海风头咬铁岩。
谁似文竹沧浪打，此心依旧对从前。

题《阿普莱多尔的礁石》

美国画家蔡尔德•哈萨姆（1859-1935）的《阿普莱多尔的礁石》（1913年，布上油画，87×91.6厘米，华盛顿史密斯索尼亚协会美国艺术国家博物馆），是一幅既运用印象派的分色技巧、又不脱离写实派的作品。画家画了主观色彩的礁石，成了多种色彩并列的暖色调，与蓝色的大海形成了冷暖色调的对比。近处的白色礁岩与身着白色衣服的女子融为一体。整幅画洋溢着灿烂的阳光，洁净的空气和甜美的视觉感受。

碧海茫茫晴日天，熏风吹去色千山。
佳人独上心知晓，美目波横影牵连。
试尽白衣寻旧事，却将紫梦付新颜。
可怜无数轻舟过，看取归来拭泪涟。

永遇乐　题《爱之岛》

让•奥诺雷•弗拉贡纳尔（1732-1806）的《爱之岛》（约1775年，布上油画，71×90厘米，里斯本卡洛斯特•古本金基金会）。画面上，华舟沿着河流上溯进入西泰尔岛，船上的人们兴奋地望着前方不远的维纳斯雕像，而岛上已有人先到，正在向维纳斯进发，是一派人们发舟西泰尔岛的情景。

天碧云行，梨花带雨，沫白海怒。涌浪岛生，华舟载客，玉女凌波沐。吹风神妒，袅然往复，但见危崖悬柱。正青苍、兰河湍激，山川瀑布如雾。　观画生疑，远山叠翠，莫非神姑住处？更觉桃源，寻无踪迹，乌有西人塑。呜呼嗟叹！何须发棹，一去爱之岛渡。可怜向，人儿询问，解情何物？

蝶恋花　题《干草车》

康斯太勃尔的《干草车》（1821年，布上油画，130.5×185.5厘米，伦敦国家美术馆）。此画给人一种写实的感觉，据说画中的景致如今依然保留在英国萨福郡，但在画里隐藏着的浓浓乡情，淡淡的、渗透在写实里的抒情诗意，当时的英国人没看出来，而法国人却发现了。大片的绿色，画家处理得很有特色，后来有人概括为：利用细小色块的并列所形成的对比关系，在不同的距离出现强烈而统一的色彩，并且产生振动的效果。

误入马车趟水路，犬吠岸边，恰与儿童遇。云里蓝天无鸟处，农家绿树有村妇。　　百顷平畴清翠住，舟人捕鱼，车系谁家树？欲尽丹青情不误，却将梦里详别绪。

■ 宋建江

双梅记，世纪公园观梅

腊梅

一袭纯黄半透明，腰身纤瘦太轻盈。
勿庸人道清和艳，不伴游蜂与早莺。

白梅

雪色罗裙白玉脂，点点蕊黄多少丝？
不共梨花酥雨后，一枝含笑立春时。

茶友雅聚

日春居里会方家，莫费寒暄径斗茶。
侍女盏分青白玉，美人壶赠紫金砂。
观音新进汤头嫩，普洱旧藏香气华。
相论诗书无俗话，夜深不肯动归车。

初一团圆

村俗近来轻美馔，农家一向重团圆。
秋收稻米门前畈，现摘菜蔬山下田。
请醉新醅辞旧岁，宜蒸腊肉贺龙年。
但听孙辈声声唤，祖父开分拜岁钱。

■ 褚建君

无题五首

一

山城风雨过江船，纵马由缰跃四川。
掬水溪边榕树下，吟诗桥侧草堂前。
都江堰上尽游客，九寨沟中多噪蝉。
暮鼓声声催客醒，峨眉峰顶望婵娟。

二

去国西行未见归，空天青鸟乱翻飞。
一朝踏浪逐流水，无隙回眸看日晖。
雨落尘埃风淡淡，云飘蓬岛气巍巍。
柴扉十载少人叩，地僻田荒自采薇。

三

料峭微风入树林，有声听却复无音。
依稀穷巷连绵雨，仿佛谁家不了琴。
弄墨案前人已困，舞文纸上夜将深。
今宵无意又逢节，千里心思细若针。

四

正月相邀米酒浑，轻言慢语到黄昏。
不知席上佳人醉，但觉身边素手温。
云汉依稀空自古，天涯咫尺梦相存。
桃花红色开无度，应结芬芳在后园。

五

越剧绕梁添酒红，十年除夕一轻风。
闭门谢客且思过，息鼓偃旗权挂弓。
金玉良缘无限好，人间天上总归空。
明朝腊八当寻粥，大道犹存俗世中。

■ 周樑芳

满江红　镇海行

历史难忘，今又到、清明时节。行十里、海天雄镇，祭吾英烈。明帅抗倭驰骋剑，清军御外硝烟血。众将士，为国竞捐躯，游人咽。　　中华耻，何日雪；疆海固，黎元结。驾坚船利甲，大洋平孽。义律出兵华夏辱，乾隆锁国天朝瞎。莫等闲，盛世铸金瓯，坚如铁。

离亭宴　登雪窦山缅怀张学良将军

雪窦登高望远，凭借妙台题款。蒋氏小楼岩竹翠，一睹佛僧圆善。笑脸映山峦，弥勒道场怀缅。　　壮举西安兵谏，楠木将军呼唤。见证那年囚社窄，镇海舜江禁限。奉化翰林松，华夏春秋长伴。

祝英台近　游宁波梁祝公园

凤凰山，宁绍水，花蝶竞双舞。飞影翩翩，岁岁绕窗户。千年佳话流传，万松书院，断肠处、春风淫雨。　　裂痕墓，更比牛织缠绵，彩虹庆魂聚。滚滚红尘，风雨诫情侣。心修今世姻缘，临园诵读，蝶碑上、忠贞鸿赋。

■ 青　桐

寻常操

古园深处有琴声，让与游人断续鸣。
消息偏寻幽竹里，雁波离绪指头轻。

自题画

雨滴窗台夜不眠，起来墙上挂婵娟。
当时旧墨香犹在，绕指须臾桂树巅。

■ 李铎

天涯游子

少小离家去，朝朝望故都。
重山横险路，恶水隔长途。
片语难相诉，家书旷日无。
乡愁催白发，海角寄田庐。

故乡行，扫墓

秋风落叶自归根，万里行程到野村。
冢地周遭生蔓草，孤坟旷久断烟痕。
若非世乱离乡井，应是生前报养恩。
拾取家山一抔土，年年隔海祭亡魂！

■ 沈毅

解愁

一生穷厄几安宁，病体如何还壮青？
虽有良医难见面，陈仓暗渡慰吾丁。

写牡丹

病来惦念牡丹花，扶体挥毫笔未赊。
绮绿繁红相染好，长春富贵福临家。

■ 孙谦

登戏马台咏项羽

殄灭强秦气势雄，乌骓嘶啸震长空。
骄矜错失鸿门计，致使刘邦唱大风。

游上海豫园

信步游园百尺廊，连天碧叶戏鸳鸯。
媪翁椅座谈今古，情侣荷台话短长。
竹耸迎风声飒响，柳垂临水絮飞扬。
游人朝暮知多少？燕舞莺歌粉蝶忙。

■ 雷九畴

奇葩

秀美知名早，风流相更嘉。
洛阳堆一艳，南国乃奇葩。
世外难寻觅，中华屡见夸。
蕾铃多异色，香雾漫朝霞。

厦门旅感

海市蜃楼藏鹭岛，烟波鼓浪美扬名。
长堤伫望金门景，来往通商喜结盟。

喜庆

彩云追月众民欢，献礼新春奇向天。
玉兔宫前迎贵客，吴刚酒后送高贤。
千声爆竹讴歌颂，万朵烟花伴舞旋。
欢庆鼓乐昌盛世，嫦娥祝福九州圆。

■ 张宏鹏

点绛唇　题画

春绿南山，楚天遥望浮云渺。野亭观钓，波起渔歌杳。　　江树妖娆，探得桃源笑。茅庐小，密林闲步，却在梅边了。

南歌子　题玉雕“举案齐眉”

一院溶溶月，三层淡淡烟。画楼深处且听弦，吟诵春秋不辨是何年。　　举案悄低首，躬身款步前。奉茶一盏解春寒，试手描花笑问：可齐肩？。

少年游　雪后登崂山

琼钗玉袖舞灵霄，一任汉时箫。鹤飞鹿跃，龟凫龙潜，但睹楚宫腰。　　太清绛雪尘俗了，不復奈何桥。只待春归，万山红遍，再奏水云谣。

■ 杨毓娟

清明

梨花风起落池台，一缕清香绕绿醅。
侧枕未眠听细雨，于无声处梦春来。

卜算子　舟中

风暖皱波浓，花影朱栏度。碧柳兰舟薄雾中，粘絮飞无数。　　淡日送残红，春去归何处？月色如银宝俶西，谁共论今古？

一剪梅　对琴

帘外丝丝春雨寒。兽火烹茶，漫惹炉烟。江南梦断李龟年。初识星徽，不解琴缘。　　流水高山手指间。心转千回，巧弄冰弦。何时待得海棠归。春暖西窗，月醉东山。

■ 刘　水

过扬州

日暮曾经廿四桥，清弦一曲意寥寥。
挑灯欲写秋凉意，未展心笺句已消。

听琴

一曲阳春不是秋，层林野渡小横舟。
谁人抚绉波心绿？陌上垂杨隐画楼。

香雪海观梅得寒韵

一

疏枝碧玉晚阑珊，素影空山二月寒。
雪里梅心共谁语？为伊闲写几枝兰。

二

雨霁山清酒未阑，参差绿萼玉珠寒。
香云十里莺啼雪，谁与酣歌待月残？

■ 王　惠

新夏

一湖烟水近青螺，曙色微茫送月荷。
朝露最怜风叶俏，纵无清曲也婆娑。

小城

露白泥融印井垣，连城鼓角尽清幡。
南窗半掩茅檐短，小院梨花底事繁？

江城子

少年相伴弄扁舟。渡滩流，戏沙鸥。笛声吹彻，两岸杏花稠。遥望城关春尚早，芳醪醉，满西洲。　　拟将朝梦寄乡愁。半生羞，枉绸缪。彩云归去，还自绕西楼。帘外清秋霜露冷，人未见，月如钩。

■ 蔡魏佳

青衣张火丁

小庭花绽暗生香，却惹莺歌蝶舞忙。
最爱弱红经雨后，春来叶翠唤芬芳。

如梦令　蟋蟀

风送梧桐飞雨，紫黯红愁无绪。霜夜觅蛩鸣，墙角篱边初遇，真趣，真趣，何必择临盆圄？

点绛唇　姑苏西山

春映西山，画桥流水桃溪路。蝶儿轻舞，风过听花语。　　临水人家，日影闲舟住。寻归处，绿阴深圃，倦倚高低树。

■ 谷　雨

苏州游网师园

渔隐琴声绕壁闻，花墙窄巷掩前尘。
秋蕉细雨听风过，小筑难寻豢虎人。

题吴冠中《双燕》

黛瓦青墙傍水栽，斜风双燕自徘徊。
喧尘阅尽浮光远，寂坐何须觅镜台。

鸡鸣寺闲话

旧雨来归入寺西，烟波未了翠微迷。
茶凉借问心归处，柳绿花红十里堤。

■ 冀晓红

点绛唇　红鲤

花径莲池，弄清波自闲红鲤。客来稍憩，却把新荷戏。　君莫多情，不似凡间地。嗔嗔里，一声波起，送至龙王邸。

眼儿媚　纸鸢

三月莺歌迫人忙，难负好春光。纸鸢旷野，东风情盛，自在儿郎。　雏鹰冷鹜凭骄纵，江海共朝阳。牵丝在手，云霄千丈，不惧天长。

■ 魏　里

九溪十八涧

杏雨空山隐小楼，清溪十里碧烟稠。
春风欲问谁人共？绿荫扁舟水自流。

苏州平江

又是平江古巷中，双桥过了小河东。
凉风吹得游人醉，歌起船家一老翁。

■ 方颐家

吴哥窟怀古

翁雕两队寂相迎，甬道西边夕照明。
落日残墟添怅想，凉风断壁益伤情。

当年寺阙苍林深，此刻砖墙败叶盈。
古往今来多少事，都呈石块伴鸦鸣。

潇湘夜雨　凤凰古城

曲渚如吟，夕阳西坠，眉峰映照寒秋。沱江凝绿，霞彩送归舟。烟缕画亭虹桥侧，帘卷棘门百花楼。莺歌碎，暗香倩影，红烛伴温柔。　　暮山横旧郭，往年遗迹，几许风流。楚天清绝，月下汀洲。闻道凤凰丹青色，潮水错落却添愁。终归去，潇湘夜雨，留与别人收。

蝶恋花　秋感

繁叶渐疏心渐碎。怎奈香消，谁会生怜意？又是一番风雨缀，欲埋花瓣填泥滓。　　儒学误身终不悔。但恨穹苍，冷漠英雄逝。德裕离朝天地闭，孤寒八百齐流泪。

采桑子　剡溪

溪口古树成荫，游人不绝。蒋介石先生故居古朴典雅，与宅前之剡溪，相映成辉，隐现魏晋清流气象。余抚槛临溪，远眺群峰，恍若置身上古，王导、谢安辈犹在焉。追忆往昔，何胜感慨！

万岩葱郁溪清秀，碧水涟漪。雪锁黄鹂，正是徽之返棹时。　　地因人重嗟余韵，王谢风姿。岚浸梅枝，无限凄迷红叶飞。

■ 郑红华

雪后过余姚某寺

酷寒一夜虐神州，百媚江南顿失柔。
披铠修枝风不舞，封盔嫩蕊鸟难留。
檐垂利剑疑防贼，池奉晶心是谢舟。
僻寺旬来人迹罕，老僧曾虑米柴不？

梅花

渐觉幽香满玉台，凭栏岂为探谁栽？
若非训鹤孤山盗，定是妆眉宋殿来。
虬骨经霜应有迹，碎英入雪未沾苔。
最怜淡影雕梁下，一夜冰风一朵开。

卜算子　早春街景

才见玉兰苞，旋遣冬衣睡。街巷频来袅袅姿，行者无端醉。　　忽有朔风横，守得从容未？乱发轻簪眼若羞，绝胜先时媚。

小重山　早春

细雨将春纺作丝。和风轻挽结、系柔枝。红桃浅浅渐参差。明日里、或有杏沾衣？　　生恐嗅香迟。江南冬易碎、尽人知。且从寒处写相思。留段梦、许给雁来时。

■ 钱　衡

咏花词

破阵子　咏玫瑰

初夏芳华细嫩，却逢丽日趋红。天染琼瑶生洁玉，水润肌肤香亦浓。回眸夕照中。　　依恋之情眷眷，相怜时节融融。情陷深春藏一朵，心逐江天上九重。多愁沐晚风。

蝶恋花　咏梅花

千里冰封花木瘦。白雪飘飘，只把清香守。凛冽西风开笑蕾，寒潮侵袭芳馨透。　　天地繁霜当竞秀。铁骨冰心，窈窕凌寒斗。试问冰天和雪地，乾坤万里谁为首？

好春光　咏白玉兰

花如玉，典雅开。暖心怀。素影盈盈舒九瓣，异香来。　沁我身心肺腑，年年相会亭台。只道春风多不解，费疑猜。

■冯　叶

十六字令二首

伤

伤，沙暖斜阳对影长，百花损，泪眼诉离长。

冬

冬，雪乱风狂云亦浓，帘拢厚，深掩玉闺中。

生查子　北疆行

独自北疆行，风浩飞残雪。极目鸟无踪，软锦裹寒骨。　佳偶乍分离，顾影人凄咽。思念两心劳，酥手描花蝶。

霜林集叶

叶元章诗选

惜春（1939年）

知春无计可攀留，故向枝头觅旧游。
行遍花丛都不见，落红无语水东流。

闲情二首（1942年）

一

不见小乔初嫁身，齿痕泪渍倍伤神。
此生休作拈花想，第一风流最损人。

二

曾记小园啮臂时，花间赋得断肠诗。
狂生自是多情种，何必人前讳太痴。

窗前夹竹桃为狂风吹落（1955年）

昨夜狂飚舞九天，繁星殒落满阶前。
何当重倩东君力，送上枝头再斗妍。

常熟破山寺二首（1956年）

一

黄墙一抹水东西，千叠绿云绕屋低。
定是禅房花木好，流萤竞向竹边啼。

二

曲径通幽草木深，楼台高处有清音。
莲花座下徘徊久，欲共山僧订鹤盟。

金陵杂咏四首（1956年）

一、玄武湖

朱栏九折绕危亭，十里晴波泛绿萍。
莫道春归无觅处，湖头摇曳万条青。

二、莫愁湖

生小莫愁最可亲，花为肌骨玉为神。
风鬟雾鬓今犹是，忙煞度阡越陌人。

三、隋堤

地因人杰旧知名，一抹青山郭外横。
烟锁隋堤池柳碧，月明故垒夜潮生。

四、白门

白门春色不须寻，山外斜阳竹外莺。
朱雀桥边花气暖，绿杨堤上暮云深。

咏桃花三首（1964）

一

溪边竹外一枝新，姹紫嫣红意态真。
叵耐连宵风雨恶，玉消香断不成春。

二

旧是瑶台月下身，脂红粉白洁无尘。
只今憔悴东风里，哭向枝头有几人？

三

梢头占得几分春，啸傲烟霞感世人。
今日花开蜂蝶闹，来朝谁惜陌头尘？

自题四首（1965）

一

小学雕虫愧未工，文章憎命古今同。
臣迁获罪相如病，老死孤村陆放翁。

注：指司马迁、司马相如。

二

曾将彩笔傲公卿，才气纵横薄有名。
落魄江郎饥欲死，儒冠毕竟误平生。

注：指江淹。

三

行年四十劫何多！破袖遮颜唱挽歌。
流落人间谁得似，卑田院里病元和。

注：即郑元和，见唐人传奇及元杂剧。

四

平生际遇与谁论，难起汨罗江底魂。
多少禁城驰马客，老来悬首正阳门。

注：特许紫禁城驰马，是清代对臣下的一种特优待遇。

闻箫二首（1966年）

一

天外谁吹紫玉箫？钱塘八月涨秋潮。
不知今夜西湖岸，人在苏堤第几桥。

二

楼头呜咽凤凰箫，何日归看大浃潮？
踏遍黄河源上路，风光不及卖鱼桥。

注：大浃江即甬江，在浙江东部；卖鱼桥，今在宁波市西郊。

杂忆三首（1968年）

一

辜负糟糠结发亲，三年惨别悟前因。
老来归就江南木，岂忍重寻同穴人？

二

无计疗贫敢惜身，沙眠露宿黯风尘。
那堪破镜重圆日，老眼昏花认室人！

三

舔食刀头不顾身，芒鞋踏破草间尘。
艰辛历尽黄粱熟，愁煞北堂倚闾人。

注: 老母死于1967年，由于音讯隔绝，当时以为她老人家还活着。

伤时二首（1969年）

一

千金一死事非艰，愿作鸿毛不羡山。
滚滚长江淘过客，谁留遗迹在人间?

二

一登坛坫步尤艰，煮鹤焚琴指顾间。
摒却俗情挥手去，任他荆棘满人寰。

注: “煮鹤焚琴”，比喻十年浩劫对中国传统文化的严重破坏。

杭州吊苏曼殊二首（1970年）

一

银筝檀板八音箫，醉倚樊楼望海潮。
三月清明苏氏墓，纸灰飞过六条桥。

二

芒鞋破钵木红鱼，春雨楼主一丈夫。
记取樱花零落日，白沙堤北里西湖。

注: “樊楼”，泛指杭州酒楼。

咏史四首（1978年）

一、屈原

庙堂多有食言人，铁券犹难视作真。
可叹灵均不知趣，枉将瘦骨逐波臣。

二、孔融、杨修

文举风流祖德狂，临池照影赏孤芳。
拚将肝脑涂泥土，不肯摧眉事魏王。

注：孔融字文举，杨修字祖德，均被曹操杀害。

三、曹植

惊才绝艳世无伦，一曲清歌动洛神。
莫怪同根煎太急，由来卧榻不容人。

四、陈子昂

一代骚人陈子昂，才高命短实堪伤。
早知文网严如许，悔不成都去种桑。

重到故家四首（1978年）

故居在宁波庄市老鹰湾村，有楼屋数椽，已废圮。

一

枯藤老树不栖鸦，寂寞溪桃未吐花。
休怪眼前风景异，故居今已属他家。

二

前无松竹后无花，乱草檐头日影斜。
一别故居三十载，归来误入别人家。

三

飘泊半生偶得归，门庭冷落昔人稀。
多情只有园中棘，犹自牵衣问瘦肥。

四

冷屋黄昏蝙蝠飞，旧时门巷认依稀。
东墙薜苈西墙草，恰似丁郎化鹤归。

注：注：借用丁令威化鹤归来故事。

杭州小影二首（1979年）

一

水村山郭柳千条，点染春光无限娇。
一角茅檐杏花影，红妖娆胜绿妖娆。

二

六桥三竺雨如珠，水墨泼成西子湖。
昨夜前溪春水发，满城叫卖细鳞鱼。
杭州天竺，分上天竺/中天竺/下天竺。

山乡偶拾四首（1979年）

一

淡淡青山水墨痕，桃花渡口小渔村。
万条杨柳千竿竹，陌上人家绿锁门。

二

板桥西畔野人家，几户垂杨数点鸦。
黄发阿姑村打扮，鬓边斜插碧桃花。

三

绿杨影里叱牛车，远是丛山近是花。
遥指一湾流水畔，泥墙板屋女儿家。

四

枝头好鸟渐朦胧，日薄明山古寺钟。
晚风吹皱钱湖水，桃花浪比夕阳红。

注："明山"即四明山；"钱湖"指东钱湖，湖在宁波市东郊，乃浙东著名胜地。

咏菊四首（1980年）

一

销魂最是菊黄时，帘卷西风雁过迟。
长记暗香盈袖夜，半窗花影苦寻诗。

二

篱边一簇傲霜枝，嫩白娇黄绰约姿。
任是旧园花发早，何人重谱冷香词？

注：乡间故居旧有小园，种菊甚繁，今废。

三

独立寒秋第一枝，铅华洗尽显冰姿。
未知老圃花开日，谁傍东篱读楚辞？

四

鬓边添得几茎丝，那有风情似旧时？
月样精神指指尽，重泉去折菊花枝。

盛夏有怀二首（1980年）

一

又是瓜香李熟时，难凭幽梦卜归期。
暑来一掬思君泪，洒作浮云落日诗。

二

烦恼皆因情太痴，落花犹恋隔年枝。
江南岂少闲相识，谁寄暮云春树诗？

有题二首（1981年）

一

万里沧溟一叶舟，水深浪阔任飘游。
弄潮休虑鸥程远，未必海天无尽头！

二

一叶飘浮暗夜舟，风高滩险浪排头。
艄翁夙有凌波术，何惧潜蛟鼓逆流！

水乡七夕五首（1981年）

一

遥闻织女理裙裾，露白风清七月初。
暑尽江南秋水涨，小船轻网逐鲈鱼。

注：指织女于七夕渡河与牛郎相会事。

二

紫藤架上纤纤月，青草池头缓缓风。
残暑未消秋尚嫩，鹭鸶飞入藕花丛。

三

不随织女去河东，月落星沉客梦空。
长忆水乡秋好处，一池浓绿采莲蓬。

四

白露横空夜色凉，星河隐约月苍茫。
金风不解离人意，乱曳秋声过北墙。

五

檐下忽闻蟋蟀鸣，流萤数点落衣轻。
痴儿未识秋滋味，兀坐窗前剥紫菱。

高原之夏（1982年）

六月高原莺不啼，黄尘如吼草低迷。
人言日近长安远，今在长安西复西。

注：西宁距西安一千公里，距兰州二百二十公里。

水乡曲四首（1982年）

一

园桑塘柳绿参差，仿佛王郎画里诗。
新水一江平岸后，埠头忙煞卖鱼儿。

注：“王郎”，指清代著名画家四王。

二

菱角荷衣一色新，豆棚瓜架水为邻。
夜深芦竹洲前火，点点相随捕蟹人。

三

入户薰风送藕香，轻挥小扇坐凉床。
紫姜白蒜乌梅酒，脍得银鳞尺许长。

四

白蛤红虾伴酒卮，村头斜挂网千丝。
一湾清水鸬鹚浴，正是鲈鱼逐食时。

扬州六绝句（1983年）

一

魂逗扬州若许年，重来不觉雪盈颠。
胸中亦有千竿竹，时欲飞腾扫暮烟。

二

年年辜负玉人箫，归梦几回系板桥。
羡煞平山堂上鹤，朝朝看尽广陵潮。

注：平山堂在扬州外，有鹤冢，欧阳修曾在此宴饮。扬州古称广陵。

三

远村近郭竹萧萧，依旧月明廿四桥。
安得卜居绿杨下，坐观帆影卧听潮。

四

杨柳岸旁古渡头，几丛霜竹碧于油。
长笺短幅临风写，点出江天万里秋。

五

曾是淮东第一州，吹箫人在竹西头。
未能了却诗文债，搜尽痴肠上酒楼。

六

红药桥边碧水流，小盘谷外翠烟浮。
春兰夏石秋冬竹，长伴先生到白头。

注：“小盘谷”乃扬州著名园林，“先生”指郑板桥。

登焦山华严阁四首（1983年）

江南诗词学会成立，作者应邀与会。

一

一上金焦便有诗，丹枫未老桂花迟。
半生难得周郎顾，自调冰弦自制词。

二

谁舞江南笔一枝？相逢又是菊黄时。
沧桑阅尽真情在，踏遍青山总有诗。

三

歌罢柳枝歌竹枝，庭兰槛菊惹相思。
明年露湿华严树，把酒临江更赋诗。

四

折得庭前细竹枝，和烟带露写清思。
何当蘸取长江水，洒向冰笺化作诗。

清明二首（1983年）

一

蜂围蝶阵闹清明，斗草瘗花儿女情。
嗔煞邻童无赖甚，坟前截得断风筝。

㊟: 乡间旧俗，清明扫落花而葬之，小儿女并有斗草之戏。

二

风刀霜剑逼清明，屈指流光暗自惊。
离绪恰如原上草，渐行渐远没还生。

上海诗词

风

云

酬

唱

元旦抒怀

■ 喻石生

元旦前夕恭祝诸君新年快乐

此夕吟成岁月更，但求篇什有新声。
三春开一无先后，明日东风刚起程。

■ 陈思和

元旦晨起读石生兄新年诗依原韵奉唱

守望晨曦起五更，心奔耳顺听新声。
天诚有命当知我，腊八甜羹壮启程。

■ 聂世美

和石生元旦前夕韵

万象缤纷叹物更，倾听无限并希声。
岁阑夜话江天景，一片繁华是锦程。

■ 潘朝曦

元旦前夕客居观音寺口占奉和并祝诸友

客居寺庙岁新更，钟罢盈堂祈福声。
我对观音发大愿，万民安泰好前程!

■ 洪伟成

迎元旦并步喻石生原玉

后浪前波岁新更，沧桑世道有新声。
男儿当立凌云志，不负平生万里程!

烟云过眼

■ 刘永翔

白内障术后志喜

一

腹笥元非一日营，行行字字赖双睛。
终令秋水瞳仁暗，幸有西方手术精。
蔽目全驱东海雾，开颜免作左丘明。
能生今世真奇福，不悔红羊劫里行。

二

案头书稿待经营，牛背光犹仗此睛。
至道幸从前辈得，高谭不信后贤精。
扣盘终免听声误，炳烛差延好学明。
惟恨人间呈万怪，颜生勿视已难行。

■ 陈鹏举

和永翔兄《白内障术后志喜》

一

莫非踏雪夜偷营，可是腾云龙点睛。
每恨蓬山遥作梦，却凭鬼斧运成精。
凤仪龙象恒生灭，左传屈骚无晦明。
毕竟重光天馈我，水流西向复行行。

二

书香日下溃蝇营，典籍案头耽虎睛。
六十春秋双鬓白，三千文赋满笺精。
衍文承启大心粲，寅恪悲欢巨眼明。
四下空苍无道路，手中握笔自横行。

■ 胡中行

次韵永翔《白内障术后志喜》二首

一

无涯学海苦经营，三绝韦编不转睛。
妖雾曾遮千里目，柳刀竟走百年精。
蓬山随处见功力，国语非关待眼明。
廉老将军人未老，骎骎四牡夕阳行。

二

雄踞文坛细柳营，千军万马仗金睛。
修成天眼非人眼，炼就黄精即鬼精。
寅恪深锥入唐宋，宾虹浓墨过元明。
寂潮滚滚元非寂，裂岸崩云任横行。

■ 吴　忱

寂潮近示白内障术后志喜长句亟次韵奉和

一

匹马单刀破敌营，依然火眼识金睛。
寒风未困寒柳老，新岁先占新器精。
幸不看来乱朱碧。从教黑白竞分明。
会穷千里登楼目，何日放歌联辔行。

注：寒柳堂主人陈寅恪先生晚年病目，不能观书。

二

寻行数墨苦经营，片叶飘零或蔽睛。
世上元知无至美，心头惟是务专精。
劳神文牍兼昏夜，伤目荧屏半灭明。
一语先生差可喜，看花不向雾中行。

注：仿坡公例，行字异义异读，故得重用。

■ 袁拿恩

读中行和刘永翔白内障术后诗有感，次韵

余自幼眼疾，感叹胡中行和刘永翔白内障术后诗因成

造化因缘此宿营，生来雾里看花睛。
诗章少读吟常累，峻岭难攀画未精。
是墨是山皆尽意，非真非幻不分明。
有朝目障无空色，一任心中天马行。

春寒联章

■ 吴 忱

壬辰春寒偶成

一

三月高城春尚寒，斜风细雨怯衣单。
争枝鸟雀喧呼疾，久蛰龙蛇遇合难。
帘幙深宫声杳杳，珠镫别馆夜漫漫。
东君至竟无消息，愁绝人间花事阑。

二

人云高处不胜寒，顾影成双益自单。
揽月扪星大言易，餐风饮露忍饥难。
若非汉堡加牛奶，那得摩登又浪漫。
海涅曼殊休窃笑，老夫兴会未曾阑。

注: 海涅谓，上帝在天堂请诗人吃牛奶与面包，而视诗人为高尚之上等人也。若摩登浪漫，曼殊上人或足以当之乎?

三

风雨江南食又寒，桃花欲放力茕单。
当年崔子留题在，前度刘郎罢笔难。
岂意天心真冷漠，奈教诗思付夷漫。
几株墙畔垂垂绿，正待开时一凭阑。

注: 崔护清明游郊，以“人面桃花”之句而得佳妇；刘禹锡两题玄都观桃花，竟因之一再贬官。

■ 胡中行

次韵忱公春寒诗兼呈诸友，三叠

一

淫雨敲窗彻骨寒，最无聊赖是孤单。
因缘来合终非合，相见时难别亦难。
忍读音书情切切，愁听漏滴夜漫漫。
沈园故事空陈迹，犹有惊鸿过曲阑。

二

最是恼人三月寒，僵虫惊蛰影声单。
坐看山路墙边涩，卧听琴音冰下难。
无力春风留肃杀，多情蓬草自弥漫。
可怜晞发少司命，日盼东君到夜阑。

三

浮云蔽月倒春寒，独酌窗前吊影单。
李杜辞章逢岂易，程朱义理学尤难。
风中瘦马诗囊重，雨里扁舟间气漫。
行至乾嘉无过处，群山万壑意正阑。

■ 陈鹏举

和吴老《春寒偶成》，三叠

一

五更啼破堕春寒，客里饮冰形影单。
远处雷行盈耳快，寻声棒喝转身难。
胸中斑竹霜离索，枝上梅花字漶漫。
若是相逢应不识，未曾起始已先阑。

二

梅芽鸭舌怯春寒，更启酒残行迹单。
去日风尘挥手易，今生心事倒戈难。
英雄洗马东风破，岁月到头霜雪漫。
多少清声指间发，与君一笑听琴阑。

三

逃命嫦娥历广寒，衷情夸父杖头单。
当初不觉春衫薄，时下才知秣马难。
雨打风吹犹叠叠，星罗棋布已漫漫。
三千春后来君我，笔底冷香应未阑。

■ 姚国仪

次酬忱公春寒诗韵，三叠

一

海上初春挟雨寒，最怜清夜落形单。
曲终人散情犹在，藕断丝连恨亦难。
鸿雁思归云暗暗，蓬山望去路漫漫。
每当一醉皆抛却，偏到醒时梦未阑!

二

风起雨前连日寒，一江横隔影成单。
黄衫不觉人生短，白首方知世道难。
蝶恋林丛花灿灿，瀑飞云岭雾漫漫。
春泥散发春消息，终有芬芳绕玉阑。

三

不畏炎阳不畏寒，但悲尘世有孤单。
酒醒酒醉思还乱，人是人非说亦难。
枫子案头筝袅袅，曼殊坟上草漫漫。
连绵雨后初晴日，谁倚东风十二阑?

㊟：枫子百之助，乃诗僧苏曼殊的日本女友，擅长弹奏八云筝（类似我国古筝）。

上海诗词

戏剧诗言

■ 胡宇锦

七律　描容别坟

元高则诚传奇《琵琶记》写书生蔡伯喈赴京应试，其妻赵五娘在家奉侍翁姑。蔡伯喈得中状元，被牛丞相胁迫入赘。家乡受灾，粮食无收，赵五娘以仅余米粮孝敬翁姑，自己则吞咽糟糠度日。翁姑饿死，五娘卖发葬之，描摹翁姑遗容，身背琵琶一路卖唱乞讨上京寻夫，得牛女相助与蔡伯喈团圆。《描容别坟》为其中一折，演赵五娘描摹翁姑遗容之苦情及坟前与邻居老汉张广才告别之惨景。

弱岁田枯麦不黄，三年家乏咽糟糠。
发丝剪去葬姑舅，遗貌描成寻伯郎。
图画随身为记认，琵琶上路告凄凉。
乡邻老汉挥双泪，别后难知存与亡。

七律　廉吏于成龙

京剧《廉吏于成龙》演被康熙帝誉为“天下第一廉吏”的于成龙新任福建按察使，即察知前任“通海”大案实乃冤案，力主重审，开释无辜，并减轻民众军粮徭役。于成龙因向驻节福建、权倾朝野的康亲王金帐斗酒，坦诚进言，与阻挠其事的官员同僚斗智斗勇，终以其正直清廉、勤政为民的品德，感化了康亲王等人，令当地百姓安居乐业。

沉弦吟啸抵千钧，廉吏争瞻第一人。
御酒饮干挑旧案，羞囊翻彻济平民。
五方泥土作珍宝，两袖胸怀显本真。
观剧诸公应自问，宁当万口唤双亲？

满庭芳　折柳阳关

明汤显祖《紫钗记》取自唐蒋防传奇《霍小玉传》，叙诗人李益流寓长安，元宵节拾得霍小玉被梅枝刮落紫金燕钗，乃以钗托媒求婚。婚后，李益赶赴洛阳应试，得中状元，奉命戍边为随军参谋。霍小玉送至灞桥，折柳盟誓。李益返京，卢太尉欲招其为婿将其软禁。时霍小玉独守空闺，托玉工出售紫金钗以作打听李益讯息之资。此钗为卢太尉购得，遂向李益诈称霍小玉已然改嫁。事为黄衫豪客所知，命胡奴以骏马载李益至小玉处，始明真相，夫妻团圆。《折柳阳关》为其中一折，写霍小玉相送李益，黯然神伤，于灞桥折柳寄怀，至阳关依依惜别。

新插鸾钗，初啼娇燕，似今浑没心情。宝车名马，平惹怨生憎。适是欢鱼胜水，乍翻作、铁甲如冰。阳关外，柳枝无觅，度不尽长亭。　　孤零。从此后，一般良夜，两下魂惊。料霜角吹寒，替了诗思。重叠锦书织就，终无语、俱对清灯。长空晚，无穷雁影，算哪片能凭。

一剪梅　怨撒金钱

《怨撒金钱》为《紫钗记》一折，写霍小玉卖钗得钱百万，却闻乃是卢太尉所购以为女儿嫁妆，李益将为卢太尉之婿。霍小玉误以为李益移情别恋，将金钱抛洒泄怨。

梦觉啼痕孤枕冰。头上云鬟，失了鲜明。离愁如此恨当时，梅甚多情，柳甚多情。　　惊悉宝钗别处横。心上郎君，毁了鸳盟。万钱乱撒向东风，恩断今生，爱断今生。

人月圆二首

思凡

思凡、下山故事见于明郑之珍《目连救母劝善戏文》和清张照《劝善金科》，两者合演时又名《双下山》、《僧尼会》，演仙桃庵少尼色空不耐清规，呵神怨佛，终于弃木鱼、埋经卷，下山寻找佳偶，途遇从碧桃寺出逃之小僧本无。两人相互试探，终于表明心迹，遂相约夕阳时分山下相会，还俗成婚。

木神泥像百千态，独是欠妖娆。年年昼夜，单蒲做伴，孤枕相邀。　　黄墙高厚，亦难关掩，若柳初桃。女儿梦里，袈裟褪尽，红粉香袍。

下山

嫩红幼翠春来早，山下正妖娆。黄墙渐远，金钟已逝，夕色相邀。　　少年男女，缘逢顷刻，携手夭桃。人间佳偶，新成一对，冷落僧袍。

鹧鸪天　勘玉钏

京剧《勘玉钏》又名《诓妻嫁妹》，改编自明冯梦龙《喻世明言 陈御史巧勘金钗钿》，演明代浙江钱塘富户俞仁之女俞素秋许婚秀才张少莲，俞仁嫌少莲家贫，准备退婚。素秋不愿，令婢女鸾英赠少莲玉钏一只以作娶亲之费。鸾英误将玉钏送予少莲之友韩臣，韩臣持玉钏夜入俞家骗奸素秋。其时有盗贼入院行窃，杀死素秋之母和婢女鸾英并劫去另一只玉钏，为避巡更追查，匆忙间将赃物弃于张少莲家门外，致张少莲被捕。俞素秋闻讯，羞愤自尽。盗贼又过韩臣家，将韩臣所得玉钏盗走。巡按程智明察秋毫，拿办盗贼，正欲问韩臣之罪，韩臣之妹韩玉姐来公堂代兄申辩，并愿嫁予张少莲代兄赎罪。程智主婚，张少莲与韩玉姐结成夫妇。

喜试新衣喜戴花，眉愁不让驻些些。初开情窦难言表，已惯嬉顽未懂遮。　　仇有尽，爱无邪，还凭利齿并伶牙。公堂谢罪救兄长，自荐人妻非自夸。

昭君怨　楼会

明袁于令传奇《西楼记》写御史于鲁之子于鹃结识青楼女子穆素徽，穆素徽向慕于鹃《楚江情》诗名，将其题于花笺之上。二人遂于西楼同歌《楚江情》，情相浃洽。于鹃之友赵祥将此事告知于鲁，于鲁怒将穆素徽逐出杭州。于鹃闻知，寝食俱废。穆素徽被相国公子池同以巨款购为伺妾，素徽不从，饱受虐待，欲图自尽，为侠士胥表所救。于鹃应试得中状元，赵祥、池同忌之，命胥表行刺，胥表反杀二人，并助于鹃、穆素徽相会，终成眷属。《楼会》为其中一折。

聊发幽情百转，遥动芳心一点。清曲著花笺，恰牵连。　　却恨风狂雨骤，吹散黄鹂翠柳。几缕在楼头，是离愁。

破阵子　花木兰

豫剧《花木兰》自南北朝乐府《木兰辞》改编而来，演南北朝时延安人花弧多病无子。时边境战事起，朝廷征兵，其女花木兰乔装男子代父从征，屡建奇功。十二年后，花木兰凯旋回乡，元帅贺廷玉奉旨到花家封赏，始知其为女子。

阵上雄风胜虎，妆前娇态欺花。谁道女流输壮士，立马金枪舞赤蛇，惊弓伏夜叉。　　大漠狼烟消遁，边关闻断胡笳。收拾山河家国事，重铠嫣然易薄纱，弹杼续织麻。

木兰花　醉打山门

清朱佐朝据《水浒传》衍成传奇《虎囊弹》，写鲁达为救金翠莲打死恶霸震关西，为避祸去五台山落发为僧，后投梁山。金翠莲之夫赵员外被花子期诬陷入狱，翠莲诉于经略种师道衙门。中军牛健告之翠莲，投状人须先受一百虎囊弹之毒刑。翠莲甘愿受弹，牛健知其有冤而受状，赵员外得以洗冤脱罪。《醉打山门》为其中一折，叙鲁达在五台山无心修行，下山闲游，于半路山亭遇一酒贩，夺酒豪饮，大醉后打坏山门并神像、打伤寺僧，大闹五台山。

天生一副荤肠胃，面壁吃斋生鸟气。纵然削发罩袈裟，怎配空门充子弟。　　山亭夺酒醺醺醉，怒目袒胸声霹雳。一僧众佛露真形，朽木衰泥遗满地。

喝火令　扈家庄

明施耐庵《水浒传》第48回叙宋江攻打祝家庄，扈家庄“一丈青”扈三娘率庄丁夹攻梁山军马。“矮脚虎”王英见扈三娘乃女流之辈，自告奋勇出战，不敌被擒。扈三娘后为“豹子头”林冲所拿，扈家庄被迫求和，扈三娘被宋江许配王英，二人成婚，同回梁山。

软甲雉翎俏，红颜秀发长。久疏脂粉惯刀枪。庄上杀来娇女，名唤扈三娘。　　巧展腾挪手，生拿轻薄狂。遽然冲撞有何妨。好汉相逢，不打不铿锵。只是马前俘虏，未料作夫郎。

偷声木兰花　孟姜女

孟姜女故事源自《左传》，写春秋时齐国将军杞梁出征战死，其妻哭夫而成国俗。唐宋及以后演为秦始皇修筑长城，范杞梁充当夫役，一去不回。范妻孟姜女为送寒衣千里跋涉，行至长城时才知丈夫已埋骨城下。孟姜女哭夫，长城崩塌八百余里。《孟姜女》又名《哭长城》、《万里寻夫》。

长城高亘势奇伟，道是征骸支拄起。雨打风吹，一石一砖俱有知。　　铜坚铁固世无匹，独有妻啼当不得。悲诉声声，八百里墙化雪崩。

唐多令　贞观盛事

京剧《贞观盛事》叙唐贞观年间，谏议大夫魏征见宫廷、官场奢靡之风渐盛，平民百姓颇多怨言，便奏本直陈时弊，并以“隋亡于奢”劝诫唐太宗李世民停征民女入宫，并释放多余宫女。李世民龙颜震怒，当场摔碎原拟赏赐魏征的彩马，拂袖而去。然而，李世民不愧为旷代明君，仔细思量后于当夜私访魏宅，两人重归于好。李世民即下诏停征民女，并释放宫女三千人。

一谏动雷霆，出班是魏征。正满朝、齐颂升平。宁忘当年兴废事，孰为贵，孰为轻。　　宫女喜还惊，三千出帝廷。远骄奢，旷代英明。长笑君臣开肺腑，孰妩媚，孰狰狞。

雏凤清声

七律自拟题十一首

自去年九月发愿为上海佛学院尼众班的十一位比丘尼讲授诗词创作以来，一晃大半年了。结果如何？应该说已经初露端倪：从初识平仄，到了解古韵；从诵读唐诗宋词，到习写古体律绝。她们的学习热情空前高涨，“平平仄仄”成了她们的生活节奏。我也乐在其中。她们的习作在复旦大学、三以书房、静安诗社交流，受到前辈和同道们的鼓励。有人说，能在如此短的时间里达到如此的水准，可说是一个奇迹。而我则认为，究其原因，一是古典诗词本身魅力无穷，完全能够反映当代社会各个层面的生活；二是对于当代人来说，学习古典诗词并不是一件可望不可即的事情，套句老话，便是“几分耕耘几分收获”。当然，兴趣、努力和基础，也是不可忽视的要件。这组习作，是我为她们布置的课堂作业，仓促稚嫩在所不免，现将它呈现在方家面前，作为学生们的一个汇报。

胡中行谨识

■ 常　闻

入道

落发华严入圣胎，青莲妙相弃尘埃。
天花昼下迷云散，法雨晴飞智慧开。
一钵一瓶皆自在，无人无我即如来。
旃檀海岸炉香热，贝叶宫中礼佛台。

■ 耀　闻

春游

犹忆留园景色新，赏心漫步绿如茵。
桃花媚态醉行客，杨柳风姿迷故人。

鸟入浓阴垂缕动，鱼浮浅畔碧波粼。
移舟谈笑悠悠过，长使云僧眷恋春。

■ 华　琳

感怀

香弥芳草烟中润，韵袭新茶雨后开。
三月风中君去矣，九霄云外雁归来。
拈花不语居山寺，弄笛寻诗坐石苔。
阵阵晨钟声入耳，啾啾鸟雀费疑猜。

■ 宏　悟

暖日

色树清阴暖日长，楼台倒影印池塘。
鸟喧松韵波光绿，水动风声莲子香。
壁角昙花呈古调，帘边修竹入云房。
黄昏独坐山亭里，但看紫藤漫过墙。

■ 穷　宇

春景

纤云舒卷系经台，白鸟轻盈任意来。
细听风声山涧绕，闲看竹影夜灯开。
半江飞雨扁舟去，万里奔雷紫燕归。
庭院清香生静境，空门寂寂梵钟催。

■ 妙　慈

游子

春雷怒吼开天际，美梦三更过彩虹。
浊酒他乡消寂寞，清茶客地亦倥侗。
孤鸿断去寻无迹，零雁消声觅已空。
最爱此情留不住，残余俗念挂心中。

■ 行　愿

山僧

黄裟裹骨入三乘，托钵经行万虑澄。
脚踏松风旋落叶，心随鸣磬伴青灯。
庭中静看轻烟起，筵上闲听梵呗兴。
绝韵清幽谁画得？深山归隐杳冥僧。

■ 演　印

静思

松风借问僧家事，几度逢春不自知。
卧看浮云去烦恼，坐听溪雨入菩提。
昔年寄语桃花里，今日托身菡萏池。
彻悟长吟千古意，圆通一性摄悲慈。

■ 是　乞

无题

寺旁一片桃园色，水绕山环景自连。
溪底游鱼随饵去，林中飞鸟带花还。
旧时身在田间息，今夕心从梦里圆。
中夜悄悄云散矣，奈何明月照无眠。

■ 海　昶

修行

起坐闲云流水处，远山波绿映芙蓉。
半舒半卷含朝雨，一壑一丘传晚钟。
惊鸟枝头望明月，轻风石上听苍松。
修行了悟邯郸梦，夜睹星辰制毒龙。

■悟　普

盼春

乍暖还寒不见春，万千愁绪立凉晨。
枯松皱皱槐烟散，嫩柳纤纤榆火新。
残雪仍侵山野面，薄冰犹锁碧塘身。
盼来叶绿花红日，雅韵清声送故人。

上海诗词

云间遗音

沈元吉诗词选

贺云间诗社成立

何处清音奏？云间别有天。
旧朋来俊彦，新事写华笺。
齐唱嘉禾颂，联吟大雅篇。
五茸春色好，欲上九峰巅。

音乐楼

松江师范新建音乐楼一座，内有琴房八十间，舞蹈房，音乐教室等各若干，天天琴韵悠扬，歌声嘹亮，诗以记之。

一

何处宫商奏？凌云学府楼。
铿锵弹雅调，嘹亮啭珠喉。
绛帐春风暖，青衿学业优。
十年勤树木，桃李满芳畴。

二

豪迈英雄志，阳春白雪讴。
舞姿随节变，雁队逐形流。
雏凤清声正，名师喜色浮。
他年成国器，化雨遍神州。

游穹窿山

一

久慕穹窿胜，乘闲独往游。
太湖波浩渺，古寺景清幽。
四顾群峰接，三吴一望收。
超然尘境外，疑是在瀛州。

二

迤逦登山顶，幽深迥绝尘。
连峰青不断，千顷白无垠。
水阔风帆细，泉飞耳目新。
偷闲来此地，吟眺足怡神。

祖国颂

——庆祝国庆五十七周年

华人华帜耀天庭，浩瀚绛霄礼众星。
今日神州新献瑞，环球共仰汉家舲。

梅雨期忆顾蕴轩夫子

一

两列荷缸绿叶荣，丝丝梅雨润无声。
髫龄此日初来塾，喜列门墙小学生。

二

教学进程似奔马，诗文数理一时吞。
千秋坠绪薪传急，风雨芸窗继晓昏。

三

花明柳暗景翻新，云鹤无踪忆旧尘。
绿绕苍围梅雨日，渊明宅外一沾巾。

注：顾蕴轩老师，清代诸生，曾是我父亲的老师，抗战期间，我到他私塾读书，当时他已68岁。

沉吟

——应广西容县爱情诗征稿

一

日出东方月在西，校园晨读小亭边。
忽惊背后人随影，一缕温馨意万千。

二

漾滩湖畔采鲜菱，欢聚郊原会友朋。
话到同心惊日夕，如烟往事总难凭。

三

千支银烛教堂森，弦笛琴歌悦圣心。
我自错弹君屡顾，窥人斜月欲西沉。

四

鱼游釜甑扰人心，重担承肩爱日深。
不越雷池留永念，自甘遥夜独沉吟。

“松江鲈鱼”随想曲

一

碧天如水月如钩，来往烟波数叶舟。
歇浦夜潮鱼嬉聚，船邻秀野网罾投。

二

聚头束束尾飘飘，举族欣欣乘夜潮。
巨口细鳞肥胜鳜，四鳃味美郡名骄。

三

鲈价从来水产巅，贵家筵上釜汤鲜。
岁岁捕来千万尾，平民能享少灾年？

四

今日名鱼何处寻？桥头一望黑污深。
毒融浊水鲈无迹，科技培成有好音。

饮茶偶感

一

儿在云南十五春，名茶不断寄双亲。
滇红普洱天天饮，玉液当前始味真。

二

壶中沸水注瓷瓯，嫩色浓香顷刻浮。
初见片芽垂绿脚，细观碧液幻清流。

三

神州处处有名茶，世界驰名饮料花。
醒脑陶情文苑助，驱烦解渴千群夸。

中秋雅集喜赋

清虚宫里舞轻盈，何似人间乐太平。
四壁虫声秋夜读，一堂诗友岁寒盟。
江山月下添佳色，文采云间耀古城。
开创愿驰千里足，追随师长建文明。

松江师范教学大楼落成志喜

广栽桃李待芬芳，灌溉园丁日日忙。
为学如山行自迩，成才如海斗难量。
弦歌声里身心展，切磋氛中知识详。
教术多方须掌握，杏坛有味共徜徉。

松江新咏

一

九峰三泖冠江东，今日风姿大不同。
改革浪潮冲腐恶，文明市廛建新风。
长街早拓棋盘路，野渡高跨歇浦虹。
科技兴农饶物产，经贸海外五洲通。

二

跃上佘山一郡巅，绿荫新屋绣平川。
繁忙公路车流疾，林立烟囱厂址连。
不尽春光花胜锦，无边秋兴蟹添鲜。
旅游热点人争羡，图画天成景物妍。

三

城区双塔峙西东，辈出人才代代同。
陆氏机云文苑俊，沈家度粲墨林雄。
断头内史哀完淳，赴水孤臣夸子龙。
更有侯生为革命，秦淮碧血化苌弘。

雁荡山合掌峰观音洞

合掌峰间别有天，楼台九叠接山巅。
攀登佛殿岩崖陡，瞻仰云龛石壁悬。
三界香闻烟缭绕，一泓泉饮水漪涟。
满身珠翠为何祷？勤耜心田福自绵。

读《金友宽哀逝录》

金君早慧是神童，肄业松中著作丰。
雄辩才华赢校誉，平居孝友继家风。
椿萱泪洒昙花萎，师友心悲玉树空。
馆建图书留永念，年年桃李感春鸿。

注：金友宽，松江二中校友。其父静初先生使节朝鲜时，随父在朝鲜求学。后其父秩满回国，即回乡在松江二中学习。才华横溢，口辩出众。惜不永其年，16岁因病逝世。静初先生悲痛之余，倾其廉俸为建二座图书馆，一在松江二中，一在闵行家乡，皆名为“友奎图书馆”，为培养后进并垂其名焉。

华东疗养院抒怀

1992年8月，松江县人事局组织高级讲师、高级教师若干人，赴无锡大箕山华东疗养院休养、体检及游览湖光山色，幸福之感，油然而生。

相逢都是白头人，半世园丁自苦辛。
X线肺心查隐疾，B超肝胆检真因。
陶情山水风尘远，荡涤胸襟物类新。
万倾碧波涵日月，无边幸福太湖滨。

助校姚鹓雏前辈诗词集后作

一

珠玉当前照眼明，精品出自苦吟身。
京师问学颖出脱，南社攻诗艺日臻。
雅谈都呈金璞美，雄奇常挹露华新。
我来助校怀高躅，字字留芳思入神。

二

遗编传世壮鲈乡，万丈文光姓氏香。
一代风骚谁匹敌，百城书卷自低昂。
甘棠荫覆桑梓幸，艺苑名留史籍彰。
彩笔而今人共仰，追唐继宋泽流长。

悼封尊五老先生

箦进斋连舅氏门，缘悭曾未识韩荆。
诗书家学根砥固，沪渎楼居章句精。
赏月迎春歌盛世，思乡怀友寄深情。
云天怅望文星殒，艺苑应留身后名。

注: 箦进斋为解放前封家所开笺扇店。

纪念松江建县1250周年

一

贞观版筑紫云蒸，古邑千年感废兴。
地控东鄙江海会，城临黄浦泖峰凭。
抗倭得胜天狼殪，御侮同心众志凝。
熠熠文风全国冠，江南名郡誉云腾。

注: 得胜港，因抗倭得胜命名。

二

昔日城基何处寻？新区宏伟扩纵深。
长街展作棋盘路，公路高铺花绿荫。
北建学城科技薮，东开出口厂商林。
迎来海客投资热，遍地层楼户耀金。

注: 学城，即大学城；出口，即出口加工区。

辛丑和约百年感赋

清廷积弱事难为，海外诸强炮舰来。
陷落京津缔辱约，赔偿亿万敛民财。

今朝旧貌从头改，昔日伤痕忆几回。
钢铁长城拱北斗，虎狼遁迹孰为灾？

注：辛丑和约，签订于八国联军侵华之后的1901年9月7日（清光绪27年）。

纪念杜甫诞辰1290周年

一生离乱干戈际，万里饥驱苦难深。
古籍沉酣精髓吸，伟辞镕铸动天吟。
秋风茅屋思群厦，春雨孤舟报国心。
冠绝古今光万丈，煌煌诗史五洲钦。

贺上海诗词学会成立十五周年

十五年来大纛扬，申江俊彦共徜徉。
泱泱诗国添风采，济济人才继宋唐。
抒发民情歌盛世，重兴文运拓新疆。
心灵建设千秋业，默化潜移事业长。

挽上海文史馆馆员、老诗人张联芳前辈

一

云间社里导荒耕，示范诗篇月寄频。
白傅才高通众意，随园灵悟主情真。
潮流融合与时进，学海勤航逐日新。
半纪蜚声海内外，文坛擢秀轶群伦。

二

苍穹忽坠大文星，噩耗传来涕泪零。
品德崇高私淑久，儿孙孝友共传馨。
两联韵外光峰泖，双鹤云间焕画屏。
馆内修文多乐事，笔耕何故去天庭？

注：联芳大师参加云间诗社十六年，积极赐稿，受益良多；1998年，我和王尚德举办诗书画展，大师曾赐与“云间双鹤”四字，并每人赠藏名对联一付，至为珍贵馆。

母校松江二中百年校庆献词

一

百年桃李耀门庭，化雨春风简汗青。
硕彦传薪尊北斗，群英拔萃焕明星。
文追司马流芳远，学贯中西饮誉馨。
科教兴邦开宇域，弦歌响彻古华亭。

二

耳畔似闻世纪钟，祖孙世代沐春风。
百龄母校参天树，历届青衿展翅鸿。
世事沧桑多变幻，师生情谊永无穷。
霞燃红叶秋容艳，盛世黉宫再立功。

注：我祖父沈鹏振，融斋师范毕业（当时为秀才培训数学）后为龙门师范数学教师。即早期二中校友。

金婚纪念感言

一

幼读诗书聆古训，勤劳无逸记心间。
不须奁镜盛装饰，只爱家乡教育坛。
一世光阴忙有的，满园桃李笑开颜。
五十年来梁孟侣，并肩研习似童顽。

二

华堂对对老鸳鸯，喜动眉梢晋一觞。
昔日公私肩重任，今朝衣锦沐春光。
心同朗月真诚爱，路遇风涛互助忙。
此后优游闲岁月，九州骋目乐康强。

十六字令三首　狮子座流星雨

星，天上珠玑点点明。流星雨，万斛下天庭。
迎，狮座流星大量倾。十一月，地轴正穿行。
征，夜上佘山碧落清。欢声起，奇景晓前呈。

渔歌子　游青浦朱家角镇

一

一路秋容淀浦旁，湖光天影水云乡。
观古埠，上桥梁，明清街市任徜徉。

二

九曲长廊傍水滨，放生桥上满游人。
观胜迹，庙重新，青烟缭绕礼先神。

三

扩展新区气势雄，高楼层厦望无穷。
灯万盏，彩霞烘，路侧缤纷礼客隆。

四

燻豆陶人蟹虾腥，特名商品灿如星。
游末足，午时零，急促行程未许停。

浣溪沙　登燕子矶悲悼顾静园老师

重上燕矶豁远眸，铁栏迴护瞰江流。顾师音貌脑中浮。　　卅载沉冤千古恨，何方鬼域食人谋！可曾乘月立滔头？

九州吟草

■ 星　汉（新疆）

过香积寺

驱车香积寺，路向碧溪分。
树色擎残日，钟声锁乱云。
灵峰犹在眼，僧塔已成群。
摩诘出门后，高吟不可闻。

终南山路上作

终南无捷径，奋臂可登攀。
悬瀑九天落，轻风一路闲。
寺门关翠影，崖壁点朱斑。
低首看襟袖，红尘已尽删。

谒韦曲杜公祠

雪山催促久，我拜杜公祠。
渭水波声苦，长安行路迟。
千年君去也，百姓尽知之。
落日门前柳，依依寄远思。

登乐游原

昨日黄昏后，朝阳今又来。
云飞观旷远，风走扫沉哀。
拔地吟声起，对天襟宇开。
江山非旧貌，谁肯作驾骀？

辛卯盛夏与仙侣同舟诗会诸诗友青龙寺消暑

长安居不易，来避热如蒸。
嫩日红颜减，清风绿色凝。
吟诗舒水面，摄影落云层。
大石休移步，今宵月作灯。

南五台野炊醉后作

山肴野蔌两三盘，助醉青山杯酒间。
却笑残阳不如我，悬泉喷溅便酡颜。

题都城南庄

莫怜人面费长吟，日月山河变古今。
桃花嫁得春风后，百里城南起邓林。

登终南山南五台消暑

不为寻诗不问禅，情思山径两盘旋。
眼前流彩云波涨，脚下飞声瀑练悬。
爽气南来经汉水，残阳西去到胡天。
九州父老皆如我，仰望苍穹一抱拳。

■ 邓世广（新疆）

海南吟草

辛卯岁末从乌鲁木齐飞海南

不是梨花万树开，天山冰雪正皑皑。
飞鹏落处椰枝绿，迓我春风拂面来。

海南敬谒海瑞墓

欲擎樽酒祭灵前，犹觉平生气凛然。
万唤千呼呼不起，人间独缺海青天。

访儋州东坡书院

豪放谁堪步后尘？大江东去韵犹新。
也思立雪苏门外，无奈儋州四季春。

三亚湾游泳口占

半洗庸庸半洗埃，海湾深处且徘徊。
掣鲸不是书生事，破浪凌波亦快哉。

三亚亚龙湾戏赋

不羡官商不羡仙，未忧疾疢未忧钱。
风光阅尽无归意，愿借斯湾一枕眠。

亚龙湾森林公园

但有天堂谁问津？繁花茂树接青云。
鸟巢不住寻常客，昔日新闻成旧闻。

南海垂钓口占

太公故技我重筹，孤岛垂纶萌杞忧。
海内君臣奸且狡，只吞香饵不吞钩。

三亚南山寺

救星固有大悲心，未负苍生颂古今。
我自西天游至此，也从南海拜观音。

注：观世音108米塑像矗立在三亚南山寺之南海中。

春节期间，海口连日淫雨绵绵，因赋

万里寻诗到海南，未谙时节遇难堪。
殷勤追谢迎宾雨，慵懒权充作茧蚕。
薄醉杯残思酒绿，小康梦断待天蓝。
无聊忽忆坡公事，坐拥寒衾侃侃谈。

■ 胡迎建（江西）

乘车过内蒙东南河谷，适在大雨后

云移露碧天，河涨窜平川。
有草皆丰美，无山不缓圆。
群羊随意憩，数犬替人监。
始识清凉境，飚车胜作仙。

雪莹邀游太阳岛

森森撑茂贮阴凉，后羿不须射太阳。
我在江南园地小，不如北国水云乡。

呼伦贝尔大草原

莽原荡荡草茵茵，铁网西邻蒙古襟。
地老多菇滋露气，松齐如刷攒丛森。
一湖卧凹凝琳碧，三马扬鬃载客骎。
到此方知霄壤阔，呼天忽暗雨花淋。

■ 布风华（山东）

新元感赋

华钟敲午夜，天地一元新。
灯火梅梢月，金樽楼上人。
愚痴客临舍，功小誉加身。
相告来年好，看花四季春。

病中吟

层楼闲暖卧，远树淡如烟。
多病承医养，无功愧俸钱。
鹭飞湘水曲，日落楚云天。
拟待风帆启，青山绕碧川。

时间

岁月长流如逝波，冰轮今古照山河。
厌看暗处奸谋事，总唱阳光正气歌。
万贯充囊宁有尽，一生屈指本无多。
寸阴谨记应珍惜，莫放韶光逐雁过。

龙年寄梦

天际蛟龙腾雾来，红梅次第为吾开。
雪山冰泮入兰渚，海日云生凝紫台。
宴处高吟梁甫曲，兴时诣访洛阳才。
东君有约春常驻，慨叹人生何壮哉！

■ 徐章明（河北）

吴湖帆梅影书屋故居

一

玉阑未雪把梅探，却道梅神谱自邯。
茅屋围花红碎锦，远山扫黛绿涵潭。
小帘低揭锄寒月，巨障浓烘作倩庵。
莫道歌零还舞散，五湖英气叠层岚。

二

青泥别渚觅花神，惆怅难逢屋里人。
命宿梅枝伴冰绽，相生玉骨与山陈。
荷装才识红黄面，岭色早腴青绿身。
水气淋漓浑湿梦，一峰还抹宋元春。

■ 张耀恒（辽宁）

新年抒怀

月色

寒风雪色倍相追，入骨乡愁不可医。
无趣烟霞皆过往，一痕冬月是新知。

心事

一脉冰心一案书，清风深处就寒庐。
谁吟那盏长卿赋，不使当垆卖酒孤？

雪色

一色山川去旧痕，不分富贵与清贫。
辽西境界无私处，且向人家漫撒银。

■ 涂运桥（湖北）

水龙吟　警营遣怀

钢盔结满冰霜，长街出警人依旧。惊鸿照影，蛛丝难觅，烟笼梅嗅。月涌江流，星临村野，几曾回首。任狂潮涨落，楚天如水，投笔处，风雷吼。

案破归来举酒。念平安，万家常守。九歌起处，纵情书画，登高云镂。漫道征途，霜刀雨剑，痴心知否？想携枪缉匪，驱车百里，不曾眉皱。

永遇乐　寄家住长安

携手长安，故宫犹记，知己相聚。玉铸花魂，冰凝傲骨，俗虑云烟去。琼楼凤阁，堪惊情重，心事早随风语。方知是、三生石上，尽笼旧时烟雨。　京华倦客，红笺难表，留得泪痕一缕。子夜推敲，青灯照壁，明月深几许。算来何恨，新词壮气，可共国门金鼓。凭谁问，英雄老矣，美人不顾？

疏影　寄怀

柳丝万叠。看落红、飞上玉颜眉睫。淡淡春容，飘渺青烟，犹醉旧时明月。芳溪几度流年逝，想如今、故园肠结。忆胜游、蝶舞长安，最是两情难说。

曾共汀洲夜雨，那人睡梦里，梨白如雪。待约西厢，拣尽寒枝，风卷轻舟一叶。笔尖欲挽时光驻，惜谁与、巴山翻越。怕雁来惊断云天，休剪镜中华发。

兰陵王　梦千叠

梦千叠。风卷落花玉阙。望天外，细雨丝丝，一路征尘万山越。灞柳君莫折。谁识愁肠寸结。长安道，独自徘徊，不惜当年彩云别。　功名事休说。忆弦底哀音，如水呜咽。君看双燕枝初歇。拟将笔墨寻，画图数丈，但悲桑田海隔绝。身轻化蝴蝶。心裂。意犹切。渐远浦舟回，斗转佳节。记前生共题红叶。念京华携手，青衫映月。那人何处，昨夜清泪枕犹热。

■ 邵　伟（山东）

咏菊

重露侵园逐日凉，喜闻菊绽荡忧伤。
娇颜坦荡扬铮骨，翠叶无私凛劲霜。
早缚春阳藏底气，再含秋水抱枝芳。
铅华甘洒东篱下，梦里诗篇尽染香。

点绛唇　醉山中

一梦天晓，碧峰雾散听晨鸟。院深鹅小，主妇辛勤扫。　绿蚁新蒸，春韭干柴炒。松前靠，醉吟芳草，忘却来时道。

■ 王枢仁（山东）

老诗友

颜山孝水几诗翁，心有灵犀志趣同。
市井远离名利淡，米柴有蓄学知丰。
临池吟月销冬夏，涉水登山沐雨风。
敞亮心扉无匿语，隔三差五醉仙盅。

诗缘

黄昏未惧时光短，秋晚霜枫红映天。
访道求贤圆绮梦，追唐循宋结诗缘。
岂因齿落吟情失，更为思迟雅韵延。
修葺颜山师子建，诗心犹觉得真传。

■ 齐　静（山东）

江城子　鲁山茶场采风

槐香季节访茶乡。过山梁，走羊肠。溪谷清幽，碧水泛清凉。翠盖群峰云淡淡，莺语妙，隼高翔。大山深处见茶冈。散芬芳，映霞光。背篓村姑，巧手采摘忙。鲁韵青峰迎贵客，烹翠韵，沁馨香。

一剪梅　五阳湖赏荷

潋滟澄湖秋色中，浩渺烟波，日照晴空。岸连绿水赏芙蓉，如月颜姣，姬紫妆浓。　可爱深红兼淡红，陶醉幽姿，不舍仙容。采风骚客味无穷，情意悠悠，诗意融融。

■ 李士金（山东）

布衣人生

布衣高寿有良方，与世无争度日长。
遮雨避风安矮舍，御霜抗雪喜粗裳。
一盘豆腐无兼味，二两浓烧只散装。
心静神怡求乐趣，平平淡淡度时光。

寄兴

纷繁世象想其然，窥豹如何管一斑。
偶借春风观盛景，无成事业变羞颜。
心期不恋他乡月，孤旅终怀梓里山。
乘兴归来闻犬吠，自家也笑褐衣还。

辛卯岁末感怀

白霜铺地入严寒，满眼霾云万木残。
性好诗书甘少食，神迷竹菊又重看。
笔尖孤愤人多笑，月影幽光夜已阑。
遗墨何须叹岁杪，劝君行路莫言难。

无题

见惯嚣尘早不惊，栏边且赏月盈盈。
平生结客能三醉，屈指经年又几程。
安得尊前开笑靥，何当物外避愁城。
晴云偶觑低飞燕，春事欣荣吐杂英。

■ 杨学军（江苏）

龙年咏龙

一辞东海便腾空，举首年年二月同。
春去随心播暖雨，晓来入户惠祥风。
威仪动地称天子，气色惊天起地虹。
岁值壬辰听古训，真人莫学叶家公。

壬辰颂春

驱车南下逐春光，却见金陵点白妆。
疑是龙来天作秀，容当兔去地遗芳。
素笺漫漫书言直，雅士悠悠步韵长。
代酒清茶斟且满，屏前恭祝万家康。

■ 许昭华（香港）

龙年书怀

龙潜蠖屈寄闲骚，空负蓬山钓六鳌。
涉世无为羞对月，攀蟾惟梦碧云涛。

窝囊除夕

兔逸龙翔又一秋，唏嘘岁事忆还忧。
左家娇女成邻妇，一世窝囊除夕囚。

新正漫步

愀然寒色步新正，春雨霏霏飘港城。
贱卖贾商营末日，未知斯岁几枯荣？

■ 谭永伟（广东）

佛山行花市

龙年春早载芬芳，谁缱青君落粤乡。
簇簇时花欣笑脸，千千盆桔秀新装。
通宵热闹人如织，结队欢言韵漫扬。
喜沐元和清世景，心祈好运永绵长。

雪梅香　寻春感思

又新首，飞云几度缀长空。感冯唐易老，无情岁月谁同？芳草清流浸幽径，徘徊吟韵醉颜红。季鹰念，千里归乡，悲喜盈胸。　凭风，鸟啼处，绿叶葱茏，尽入眉峰。烟柳霞光，寻春怎辩游踪。只愿随缘系心乐，浮沉商海走西东。挥笺诉，多少情怀，都寄征鸿。

■ 李瑞河（江西）

岁杪遣怀

碌碌经年老境催，抟云大梦早成灰。
慰怀差可驱红袖，骂坐何须借绿醅。
蛮触国骄争上位，边缘人恨不高材。
一冬风色浑如许，静看寒梅寂寞开。

龙年初乡间夜醒有作

律转阳回序次龙，流年蹇促要穿红。
不愁本命无顺命，只怕伤风还痛风。
一样雄心堪射虎，三分快意老雕虫。
村鸡尽扰庄生蝶，梦断巫山十二峰。

注：本地风俗逢本命年应穿红袜内裤；本人有痛风病史。

■ 范义坤（广东）

九寨沟纪游

也共新年阆苑游，寒隆犹见雪光流。
林溪瀑滞帘堪画，鸟迹痕轻径自幽。
日吐天华通九宇，海吞地气耀千秋。
尘身恍入三清界，物外浑然一梦悠。

注：海，指五花海等景点。

■ 王旭东（海南）

游盘龙峡

德庆寻幽入翠山，苍苔曲径涧潺潺。
轮犁碧水翻深谷，艇驭松风破险关。
飞瀑琴鸣熏草媚，浮云心旷镜湾闲。
尘襟且共蝉声醉，一枕清凉梦自宽。

注：轮犁，指山上的水车在溪流中车水。

小楼镇游湖

金风送我踏波行，岸岛天连爽气迎。
欲采霜红偏叶落，期留云雁正潮生。
夕阳树冷千篁碧，茅舍烟斜一水清。
归卧轻涛潜入梦，秋芳犹在枕边萦。

玉兰花

清露无言妒玉身，丰姿脉脉素妆匀。
焉无丽质输仙子，岂少银辉却俗尘。
香漫空阶花意冷，梦萦韵海我心真。
凌风淡染霜晨月，笑应嫣红姹紫春。

■ 王亚萍（浙江）

喝火令

一

曲院荷风过，清香淡淡迎。偶听深处几蛙声。月下杏腮沾露，执扇扑流萤。　　惜抚娇云鬓，回眸泪已盈。旧缘难了问朱樱。约定天荒，约定伴黎明，约定茧蚕丝尽，从此梦相萦。

二

野岭清秋白，汀州杂草黄。送君千里别钱塘。渡口近天涯远，江水尽沧浪。　　几点黄花雨，盈庭冷月霜。梦牵魂绕是他乡。怎了相思，怎了影成双，怎了恋情三世，相望两茫茫。

三

瑞雪飘南国，西风送晚秋。暮云千里雁难留。只见冷梅冰洁，独立傲寒丘。　　寂寞临窗影，娇颜渐白头。万般风韵付东流。可记花前？可记泛舟游？可记雨中相送？点点绕心柔。

■ 何　鹤（北京）

浣溪沙　龙年情人节

二月闲翻此日亲，西洋色彩饰都门。手牵短信放温存。　　梦里玫瑰无处匿，案头文字四时春。一行诗句是情人。

浣溪沙　四年感怀

纵目琼楼第九层，坐南朝北瞰西城。那年今日柳初晴。　　一路涂鸦明对暗，几回失律仄当平。诗心画意写人生。

■ 林　峰（香港）

除夕吟怀

一

送却冬云日已斜，闲来竹院独栽花。
早梅初艳绯轻雪，微雨新红剪嫩芽。
客砚留痕风作枕，江帆别影梦为家。
万千心事谁知我，惟向天涯说海涯。

二

烟雨飘红一海横，梅开已觉似天清。
文章缱绻知无价，王道迷离恐不平。
涉水篷孤深未渡，扬鞭马瘦远难行。
雕楼都唱阳春曲，谁听霜鸿露宿声。

■ 翁寒春（香港）

故里吟怀

一

故里青山故里云，山高云杳俱思君。
西风已解情深重，一处心花两地耘。

二

轻风应许冷悠悠，漫过柳头漫过秋。
青竹薄寒青若似，爱和山水到衢州。

读《历代慷慨诗词选》感赋

慷慨悲歌自古同，掩书犹叹托飞鸿。
清时风月浊时泪，生亦英豪死亦雄。
锦绣山河霜肆虐，飘摇社稷浪淘空。
胡尘边马音难静，寥落秋花寂寞红。

岁末感怀

残冬怕听雨潇潇，去岁如烟叹寂寥。
已逝芳华花尽落，犹存翠黛叶还飘。
三生石上恩常记，廿载程门路又遥。
闭户锁窗珍重了，春寒有梦谢家桥。

■ 李青葆（浙江）

咏竹

经霜傲雪展高风，总把葱茏写太空。
出世已标生有节，纵然成炭骨还红。

黄埔军校

一

风云际会长洲岛，八十年前海啸高。
大浪打磨珠万颗，撒飞乱世镇波涛。

二

山雨欲来风满楼，万千豪杰搏中流。
相生相克又相合，血染红旗遍九州。

■ 王书田（吉林）

江村月夜

山下渔村江上船，一轮明月挂天边。
细听水浪欢如曲，远看芦花白似烟。

异乡情

玉液飘香野味肥，吴娃劝酒客如归。
阳关三叠胭脂泪，袅袅长裙彩蝶飞。

骤雨初晴

垂阳滴翠夕阳红，骤雨初晴挂彩虹。
五岳霞飞连浩渺，一江涛吼入苍穹。

忆旧游

娇红艳粉满枝头，独步东园忆旧游。
曲径曾惊金发美，凉亭初会玉容羞。
同观浩月荷香夜，互品华章柳暗楼。
物是人非凝望处，飞云冉冉水悠悠。

蝶恋花　思念

又是东风吹绿树，燕子呢喃，水上兰舟渡。依旧春花含晓露，芬芳阵阵穿帘户。　　漫漫人生求索路，地北天南，今日无寻处。月满西楼知几度，眉峰腕玉应如故。

■ 刘能英（湖北）

疏影　寄友人

春山乱叠，早卉不胜寒，妄发新叶。波映疏林，风荡闲舟，空舞几双蝴蝶。当年小杜行吟处，笑靥与，杏花同摄。乐事非，逆向临分，挥手旧游成别。　　深院岐亭梦醒，海棠滴夜雨，梅影清绝。待卷朱帘，放入幽香。更落一窗残屑。忽惊浪漫沿街卖，九万朵红玫凝血。只可惜，江北江南，各自度，情人节。

小重山　歧亭吊古

溪柳团团莺燕翻。牧童遥指处，水潺潺。酒香浓淡夕阳间。歧亭外，十里杏花烟。　　白首望长安，清明时节雨，湿春衫。蔷薇半醒海棠眠。愁肠断，佳句越千年。

潇湘夜雨　题苏子游杏花村图

客里风光，行舟揽胜。歧亭空荡吟魂。清明细雨涤前尘。牛背上，蓑衣短笛依旧在，吹弄天真。教人忘，乌台梦恶，痛饮金樽。　　轩窗对景，题诗再读，墨淡香匀。望疏林千亩，瓣落如云。烟柳外，黄昏小院巢燕歇。莺语流春。争相嘱，年年岁岁，来访杏花村。

■ 邱才扬（江西）

静夜思

寥落寒星四野垂，苍阶竹影晚风随。
西窗帘动半钩月，洒入银溪任客窥。

清明

淫雨无情阻梦归，乡关望断泪轻垂。
湖边独酌天将暮，似听他山啼子规。

闲趣

无意红尘交俗友，潜心陋室独攻书。
闲来柳畔登浮舸，只钓清幽不钓鱼。

■ 王东东（甘肃）

登西安城墙

登临有胜迹，抚堞愀然时。
浴血人何在，封侯名有谁？
十三朝故事，千百载幽思。
依旧向城角，斜阳浑不知。

访道人不遇

古观少人行，幽阶苔藓青。
碑额入乱草，殿角有遗翎。
云雾非能够，松风可以听。
仙翁知何处，薄暮又冥冥。

扬州慢　嘉峪关怀古

主宰长城，河西锁钥，雄关威峙边陲。看祁连千里，白头与云齐。更瀚海，茫茫无际。干戈旧地，荒草依稀。近黄昏，飞阁缭垣，都是斜晖。　　黄沙白骨，叹春闺、梦里曾思。又多少英雄，漫滴老泪，双鬓先灰。满目苍凉谁语，河山事，翻覆如棋。渐寒风凄冷，暮鸦飞过荒台。

初到南京

读《金石录后序》至赌书泼茶事，感慨旧情，抛书赋此。

千载风流，易安室里，情意幽幽。撩起愁思，几多旧事，翻上心头。　　赌书相对凝眸，中与未，都还是羞。如许寻常，而今却恨，梦也难留。

■ 王君明（甘肃）

“仙侣同舟”诗会有怀

辛卯七月，李桂梓、星汉、熊东遨、周燕婷、魏新河、胡迎建、杨敏、田茂诸先生与余九人，长安同游三日，是为“仙侣同舟”诗会，取自杜子美“佳人拾翠春相问，仙侣同舟晚更移。”

快意长安市，郊游别有天。
终南山岫得，香积寺钟传。
寄慨亲摩诘，投闲访辋川。
夜深人失寐，新月伴窗前。

长安青龙寺次摩诘韵

原上仰诗翁，飘然灵感宫。
清心云淡远，移目水澄空。
论道红尘外，栖身幻影中。
青龙腾万里，酣对古时风。

注：青龙寺又名灵感宫，在长安乐游原。

游终南山依摩诘韵

豁目上清都，高谈起座隅。
长安微愿合，仙侣小心无。
晴霭南山变，苍苔北涧殊。
渭滨皆可宿，引酒问渔夫。

访摩诘辋川别业遗址

辗转行吟到辋川，如诗幽谷散琼笺。
老苍银杏排云起，彩翠青萝醒目悬。
竹馆若闻琴淡远，欹湖遥看客缠绵。
而今仙侣相酬许，忘我神游不计年。

■ 张宏毅（浙江）

问春

连绵雨雪存寒意，今岁春光返步迟。
几朵梅葩初玉艳，空枝柳叶未新奇。
融冰湖面多凫影，澄霁天空缺燕姿。
纵目霞峰青帝问，何时可写踏芳诗？

早春西湖

人减衣裳树添绿，莺声不断似催春。
迎风柳树翩新辫，经雪梅花净俗尘。
楫动舟归波漾笑，禽游亭近客相亲。
踏青最数苏堤好，欲与坡公醉几巡。

■ 印利华（江苏）

过九江

风雨渺长川，心临四百旋。
直言萦脑际，不忍上庐山。

鹧鸪天

姓字萦怀年复年，春归瑶浦诉婵娟。花晨自属莺声好，月夕谁将玉影怜？　吟碧岫，赋晴川，红羊劫泪别云鬟。如今纵是韶华误，依旧江云渭树牵。

■ 戴寿泉（湖南）

读杜诗感作

贫病飘零久，草堂风雨沉。
一腔家国泪，万卷海天音。
樯燕忧时老，山河入梦深。
千年遗绝响，不朽是胸襟。

子夜惊客

夜半谁敲陋室门，碧空如洗挂银盆。
风无寒意人无寐，桃有芳姿柳有魂。
露湿眠蛙何日醒，岭藏宿鸟几丝痕。
遍寻不见来时客，缱绻持觞醉眼昏。

鹧鸪天

语托飞鸿片片真，孤帆羁旅倩谁温。心花日夜开红豆，梦呓频繁抚绿云。　湖畔影，月边春，天孙幽怨种河津。东风吹水人空老，可悔西窗点绛唇?

行香子　烟花

艳若妖姬，灿若虹霓。秀玲珑、雅倩丰仪。簪花弄影，月妒星迷。任镜中摄，屏中画，壁中题。

束帛藏威，启口含雷。巧梳妆、步出香闱。万人仰首，争睹芳菲。笑几丝烟，一声响，半坪灰。

■ 何跨海（湖南）

登天岳关

叶落花开几度春，林间石级尚无尘。
至今惟有青碑墓，不见当时溅血人。

晚观

秋水池塘云影空，坐观霜叶半坡红。
帝京远在斜阳外，山寺荒遗落照中。
倦鸟归来聒噪乱，寒风吹拂突烟朦。
明朝不问天何象，拟向溪头作钓翁。

幕阜山

势聚罗霄借五丁，群山朝觐献遥青。
禅封自古称天岳，秀毓当空鉴洞庭。
寿永千秋涵土德，泉清四季润坤灵。
高瞻远瞩皆成画，归去游人赠一屏。

■ 黄昆阳（广东）

悼钱学森

拜别钱翁热泪挥，京城骤雪为君飞。
但祈了却巡天事，便与嫦娥作伴归！

注：“骤雪”，钱老告别仪式当天，北京忽降大雪。

母亲辞世百日祭

别来百日可安康？合掌朝天祝吉祥。
一壶薄酒难同醉，三炷清香可共芳。
眼下迷蒙抚旧物，像前哽咽唤亲娘。
缘何今夜无眠意，为等慈容入梦乡！

■ 贺中轩（广东）

任月

任月圆还缺，高吟踏响楼。
逞怀天地阔，恣梦古今游。
民瘼何堪对，诗心聊且愁。
有眸堪纳刺，挥泪岂须揉。

小重山　岁暮打工者言

话别机床心事微。灯光何闪烁，梦摇时。梅枝倩影向窗垂。寒风起，抖翅欲高飞？　先富问谁期。粗茶同淡饭，老相知。薄薪或笑我痴迷。叮当响，惴惴压归衣。

满庭芳　还乡

似梦帆轻，归根叶未，泪眸瞻月新圆。故乡何处？人笑指溪烟。听否山歌变调，高山外、流水溅溅。楼争岸，乡津深隐，是不让停船？　多年，劳燕也，分飞在外，谁顾修椽。喜今日重逢，发小杯前。多少风光逸事，酒酣畅，诩胜张弦。临分袂，诺归勾指，腿压腹高眠。

注："发小"，指童年时一起长大的朋友。

■ 杨　威（新疆）

石河子，新疆建设兵团第一城

楼阁亭台入画中，夜来满眼闪霓虹。
丝绸古道翻新韵，瀚海明珠耀远空。
汗洒荒原千树碧，血凝沃野万花红。
通衢交错商潮涌，军垦丰碑百代雄。

游石河子北湖

一

并非高峡出平湖，瀚海苍茫展画图。
雨霁云霞鱼醒梦，龙舟仙鹤景昭苏。
千丝柳钓天山雪，十里荷擎戈壁珠。
芳榭兰台双镜里，水天一色淡烟孤。

二

双庆良辰胜境游，雪山倒影荡轻舟。
浴凫飞鹭嬉银浪，枫叶芦花醉晚秋。
壁画长廊生百感，飞龙高阁散千愁。
北湖更比西湖美，塞外水乡楼外楼。

■ 崔惠斌（北京）

凤箫吟　春风

一

垅原吹，轻烟飞絮，遥听坐取春音。修条闻紫雀，啾啾捉对，耳语倾心。新波看逐鸭，喙相依，戏水情深。美煞人，芳馨袅袅，若弄瑶琴。　歌吟。巡迁走过，桃花暖，绿野成阴。飘来云翳蔽，落垂珠草细，如享甘霖。崇光栖嫩蕊，又重逢，别是胸襟。迷望眼，侵衣拂面，醉也难禁。

二

悄无声，卿云流过，辉光暖暖新阳。花朝啼翠鸟，蜂追蝶恋，甚是繁忙。柔丝先上绿，对芳菲，巧理凝妆。喜煞人，嫣红遍野，欲试罗裳。　轻扬。香尘紫雾，留春影，梦里娇娘。犁牛如汗雨，太清音细细，亲看农桑。将心浑若许，自深浓，给予评章。曾几日，魂销百转，一语情肠。

■ 渠芳慧（江苏）

大学毕业年有感

疲为生涯懒作诗，经冬早已废骚思。
东风化雨公交上，梦寐情怀顾影时。
只恐春来倏又老，长求事到任能迟。
韶光总是繁花树，纵美晨昏俾落之。

石湖冬夕

日斜人下小蛮桥，山带吴村向暮销。
偶译莲心香制冷，初裁烟水月惊潮。
星台夜艇偏风寐，渔火芦花试梦迢。
别识鸳鸯仙在侣，孤瓢浊饮诺今宵！

鹧鸪天　夜行石湖

晚步行春桥望遮，轻舟浮出小荷花。气淑吴越游人绝，阙合黄昏野落奢。　　峰带月，渚鸣蛙，垂杨曲绕路横斜。元知此意南风爱，指引泓澄到我家。

注：行春，即行春桥，苏州名桥。

■ **曹广国**（江苏）

六十生朝

探珠何惧浪头高，敢约嫦娥品绿醪。
帆挂新光凝海气，诗翻旧韵解诙嘲。
便斋练性情难改，逆境求知意未消。
雨霁云边虹再现，斜阳一抹照枫桥。

岁末闲笔

雪向梅庐借片香，参云酿酒好珍藏。
舟将素壁摇成韵，鹤把琼瑶认作霜。
邀友分题吟岁月，举杯击鼓唱虞唐。
一生忧患融心海，送走风尘画夕阳。

题野百合花

常临采石大江滨，往事萦怀倍感珍。
岁月焉能水流阻，烟波愁见岸边春。
一群鸥鹭难寻食，千载鳍豚几绝尘。
大海滔滔纳污垢，碧潮祈望待新人。

石室诗存首发座谈会感赋

胸山深处去寻真，修得红尘自在身。
闲理吟书治心静，园栽纹竹炼情珍。
喜看石室聚才俊，欣慰连云出赋神。
远眺梅开花果丽，风和寒去又新春。

■ 娄季初（贵州）

妻病榻前咏兰

深山访兰

春日深山向小溪，一丛临水出青泥。
馨香融入幽怀里，携手徜徉如醉迷。

书斋置兰

寒窗芳发散幽香，伏案挑灯夜读忙。
老伴已知风料峭，殷勤为我送衣裳。

卧室置兰

孤枕单衾泪不干，临窗明月照无眠。
幽兰似解相思苦。独自伶仃待晓天。

病房置兰

一枝兰发笑颜开，只愿佳人能释怀。
他日进山牵手去，还移馨翠饰书斋。

■ 牛永维（山西）

与楚家冲游晋祠见一曲柏得句

身若龙腾曲臂张，叶如翠冠罩阴凉。
甘为民道撑阳伞，耻去衙门做栋梁。
淡看世间权与禄，寡争身外誉和芳。
人图名利心胸窄，树不成材寿命长。

游山东微山湖岛

微山湖上赏微山，微子卧眠微子湾。
别却红尘辞乱世，幽居碧岛钓轻闲。
哪知水急竿多劫，岂料风高座不安。
世界从来无静地，缘何梦想别人间！

注 微子是纣王的大哥，由于殷纣王总是肆意违反传统的礼仪和规矩，他的哥哥微子，就愤而离他而去。离开了朝廷，隐居在了微山湖孤岛。湖和岛也因微子居住而得名。

五坡岭谒文天祥像

初来汕尾遇天阴，方饭亭前泪满襟。
草木多情生翠韵，江山着意唱悲音。
赵家不识英雄策，青史长留文相心。
莫恨元兵刀刃利，忠魂总在国亡临。

■ 刘　童（安徽）

对雪

天寒小住半微醒，意气成歌敢放声。
却忆斯人行色里，茫茫深浅总难平。

盼美人不来

远色苍凉怵惕生，沉沉病骨更谁行。
知君意气疗如可，对月猗兰奏未成。
暗梦少伤今快愿，青春多践旧芳盟。
年来累念招如此，消息输于一纸轻。

午后作

日暖楼高断续风，香茶一缕袅晴空。
苍茫令伴余闲思，蹀躞从生杂苦衷。
检集悲和红玉老，援琴输与伯牙工。
昨场心绪还迟辨，渐入寒昏一半中。

■ 彭娇妍（湖北）

落花四咏

桃花

一点娇羞旷野红，东风无力月如弓。
葬花人笑此生恨，遍染相思烟雨朦。

杏花

瘦风点点寄新愁，归远斜阳粉黛柔。
焉得卿云别过客，残红一落又清秋。

樱花

粉妆玉面沐寒霜，暗走残冰薄衣裳。
尺幅鲛绡呼暖昼，闲凭阑干晒炎凉。

兰花

旷谷无幽愧晚生，尘嚣凡俗走铮程。
何堪新旧今宵梦，一瓣沉香花影横。

■ 葛　勇（重庆）

荷园绝句

一

清幽小苑暂为家，镇日消磨几盏茶。
坐到夜深风乍起，满池香动白莲花。

二

一室清香凝似烟，深宵梦醒拥轻毡。
依稀有客窗前语，今年荷花胜去年。

■ 刘　斌（湖北）

吟柳

舞动春风荡绿丝，陌头杨柳展芳姿。
莺歌烟雨吟千载，吐絮飞花遍地诗。

咏桃

根扎千年恋故乡，芳菲几度醉刘郎。
妖娆未效风梳柳，轻薄应羞杏出墙。
献蜜但凭蜂蝶舞，镇邪岂任鬼魔狂。
纵然他日归流水，也令满溪波泛香。

■ 马星慧（江苏）

无题

乱绪飘摇恰似萍，春寒梦里倚新亭。
雨丝湖面幽幽诉，筱影栏边静静聆。
万缕烦愁君可解，千般宽慰我皆铭。
闷胸迷雾徐消散，璀璨心空一颗星。

赏春

绿裙粉伞过桥东，欲与春光酌几盅。
细看枝头花蕾绽，远观湖畔柳烟朦。
迷怜娇嫩啼欢鸟，沐浴香薰拂暖风。
深羡纸鸢飞自在，诗情袅袅上苍穹。

临江仙　初恋纪念日有记

一九九三年元旦前夕的联欢晚会是我们并肩携手共度此生的开始。

室内联欢歌且舞，楼前松影成双。那年那月那时光，与郎心愿许，雪夜沐朝阳。　　堪叹廿冬眨眼逝，娇颜偷染沧桑。如烟往事伴茶香。时时疏挽手，处处总牵肠。

观鱼解牛

新题、激情与希望

■ 褚水敖

一、是旧题，也是新题

也许用“旭日升天，方兴未艾”这八个字，来形容新世纪以来中国旧体诗歌的发展态势，不算过分。在经过了旷日持久的被动之后，旧体诗歌以主动色彩十分强烈的别致与新鲜，不仅使自己神采焕发，也使中国文学光芒增添，为推动社会主义文化大发展大繁荣作出了贡献。

不过，不能光看到旧体诗歌优秀的一面，旧体诗歌还有不很优秀甚至很不优秀的另一面。比如，我们常说全国从事旧体诗歌创作的队伍有“百万大军”。这不是空穴来风。可是圈里圈外的人都知道，这“百万大军”里真正称得上诗人的只是极少数。从旧体诗歌的作品来说，且不论网上和手机上所涌现的，单是各种正式出版或内部交流的书籍与报刊上所披露的，数量就多得惊人。可是在这浩如烟海的作品中，可以称之为精品力作的毕竟很少。

这还仅仅是问题的表面。深层次的问题在于：旧体诗歌这本来存在一些缺陷的肌体，当外部环境快速转换的时候，往往显露与环境不大能适应的种种状况。这外部环境，指的是飞速发展的时代，剧烈变化的社会生活和人们的心境，越来越增加层次的审美形式，以及更加富有冲击力的各种现代传媒等等。不大能适应的突出表现是，外部环境的现代化程度正在与日俱增，而旧体诗歌却不能及时改变自己的肌体状况与前进姿态。这样，容易带来惶惑，造成窘迫，导致无奈。我并不认为当下的旧体诗歌已经处于这种尴尬的境地，只是说，如果弄得不好，就有可能向这种境地滑去。

诗词界有这样一种观点：就内容与形式两个方面，旧体诗歌的改革应当注重形式，而内容表现问题不大。这种观点其实似是而非。旧体诗歌作为一种古已有之的特殊形式，它确实肩负着形式改革的艰巨任务。可是它同样有一个内容表现如何革故鼎新的问题。这一点，把旧体诗歌放到接受方面进行考察，就会毫发无遗地突现出来。

我们所处的网络时代，对包括旧体诗歌在内的一切精神现象提出了全新的接受要求。单纯讨论旧体诗歌本来意义上的接受方式和接受障碍，显然已经意义不大。起码应该在连同纸质诗词、网上诗词、手机诗词等各种接受层面一并研究。而就现代传媒来说，眼下和不久的将来，特别可能激活旧体诗词生命力的载体，除了电脑等数字工具外，应该是被称之为“第五媒体”的手机。

最近，上海市作家协会与上海诗词学会正在酝酿与上海移动公司联手，创办一种手机诗词杂志。我们初步进行了一些必要的调研与论证。很快发现，这件事前途似锦，然而困难重重。旧体诗歌新建舞台，要在手机上展示自己的身影，流露自己的内心。因为期望的是最广大的观众，这身影就不可能是往日的身影，这内心也不可能是原来的内心。如果照搬往日的身影和原来的内心，必然遭遇失败。在新的舞台里，旧体诗词必须有一个大的改变。而需要大气磅礴地进行改变的，不仅是诗词的形式，还有诗词的内容。

形式与内容的改变不管达到何种幅度，何种深度，九九归一，改变的总的途径应当是力求旧体诗歌的现代化。我觉得，将近百年，尽管有无数志士能人努力探索努力实践，但中国现当代诗歌始终没有解决两个重大问题：就新诗来说，没有很好地解决民族化问题，而旧体诗歌没有很好地解决现代化问题。旧体诗歌的这一问题虽然是一个早被关注的老问题，但因为至今未能解决却必须解决，自然就成为一个新问题。

二、贵真情，更贵激情

任何文学样式都需要某种样式的构建者具备真情，尤其是激情。这对于诗人——无论写新诗还是写旧体诗——更是如此。这还是就一般的意义层面而言。在特殊的意义层面，比如要让现代化的目标点亮旧体诗歌的创作过程，诗人的情感因素就要有更明确的指向，即是说，真情尤其是激情的尺度还必须进一步提高。这样的真情尤其是激情，不仅能有效地驱动对于旧体诗歌当下状态和未来景象的深思，也能有力地排除旧体诗歌现代化进程的阻力，还能平复诗人的内心隐痛，因为诗的新的举动，很可能影响甚至抛弃诗在旧日的锦绣繁华。

首先要说真情尤其是激情对于内容表现的作用。

今天的旧体诗歌，比较以往，它反映时代风貌的各个方面，描摹社会生活的各个角落，已经活跃了许多。比如近几年，当一些重大节日或重大事件来临之际，旧体诗歌每每能掀起一阵阵浪潮。而对于人民最为关注的社会生活的光明与阴暗，旧体诗歌也往往有许多颂扬或鞭挞。但我们不能不清醒地看到，除了少数优秀作品之外，大量旧体诗歌的内容表现，还停留在对于各种生活表面现象的描摹上，而不能使笔尖深入事物或内心的深处。许多诗人在吟唱一些狭小情感、琐碎庸音、寻常花草等方面会妙笔生花，而对着民族精神时代精神的宏阔深邃，人性世界的错综变化，立即暴露出心力的薄弱与语言的贫乏。凡此种种，固然有思维等方面的原因，但还有一个很重要的原因是情感在起着作用。

所以，尽管导致旧体诗歌一些被动局面的因素很多，情感问题却是重中之重。英国美学家瑞恰兹说：“诗是情感语言的最高形式，它最能唤起人们的情感态度。”诗的这种特性决定了诗人必须达到的感情要求。浓冽的感情，是一个诗人高度的文化自觉和强烈的责任意识的最鲜明最直接的体现。试想，如果离开了对真善美的钟爱，离开了对于时代负面因素的忧虑，离开了对底层人心的悲悯，我们旧体诗歌的存在还有什么价值，还有什么意义？新诗前一段时间在展开关于介入公共生活的讨论。其实，旧体诗歌何尝不应该有效地介入公共生活呢？这可能也是旧体诗歌摆脱狭小圈子，使之更广泛地为公众所接受的良好途径。然而真正有效地介入公共生活，理所当然地必须对公共生活的方方面面抱有真情尤其是激情。这道理真的很平常，可是我们往往疏忽“平常”。

其次说说真情尤其是激情对于形式改革的影响。

与旧体诗歌的内容表现相比，旧体诗歌的形式改革可能更需要诗人的真情尤其是激情。因为实际情况是，旧体诗歌的形式改革的任务，要比内容表现更为复杂艰巨。就刚刚我所说的介入公共生活为例，如果我们把电脑、互联网、手机等作为旧体诗歌介入公共生活的载体，比如我们要切实办好一本手机诗词杂志，我们面临的旧体诗歌形式问题会非常突出，十分严峻。这方面已有不少人在实践中摸索研究，但似乎还缺乏成功的经验产出和有声有色的气氛渲染。

旧体诗歌的形式改革说来话长。简而言之，新世纪以来。已经有了一些众所周知的倡导与努力。例如所谓旧韵新韵双轨并行之类。但就总体来说，改革的力度不够大，成效不够显著。如果我们下定决心谋求旧体诗歌的振兴，就必须认真地思考我们身边已经变化和必将继续变化的各种事物以及心灵。旧体诗歌不应该主要活跃在老年人群和虽然众多却比较狭窄的一个个圈子里。而应该确实面向社会，特别是面向青年，面向大众。这也就为旧体诗歌的形式改革提出了新的要求。我觉得，只要不冲破旧体诗歌的底线，主要在声韵运用和语言驾驭两个方面不流离旧体诗歌的特性，其它一些阻碍诗体亲近民众和诗兴自由驰骋的苛严要求应当尽量放宽。其中一个基本的标准应该是：无论你拘守格律还是有节制地冲破格律，首要条件必须让具有一定文化水平的广大民众能够看懂。能看懂才会有接受，有接受才会有喜爱，有喜爱才会有普及。能看懂、能接受、能喜爱、能普及的形式究竟是什么形式？谁也难下定义。但有一点，真情尤其是激情，必然会有助于形式改革的良计妙策源源涌出。

三、有愿望，便有希望

要在旧体诗歌现代化的道路上迅跑，光凭激情不一定臻于圆满。还有一个精神支撑很重要，那就是继续努力学习的愿望。这也是老生常谈，但这老生常谈隐藏着一些亟待解决的问题。这些问题的解决，会使旧体诗歌迸发出新的希望。

我不是说广义的学习，尽管广义的学习也很重要。我只谈一点旧体诗歌技术层面的学习。

先说一说向新诗学习的愿望。近百年来，新诗虽然也有许多跌宕起伏，至今也难处不少，但总的看来，一直保持着前进不息的姿态。新世纪以来的新诗发展，尤其让人刮目相看，气象万千。新诗与旧体诗歌，远的不说，拿改革开放以来的两者作宏观的比较，新诗显然比旧体诗歌具有更多的强势与长处。比如新诗在贴近社会生活、表现民间情绪的广度与深度方面；在文本的改造、诗体样式的探索、语言的开掘方面；在捕捉意象、营构意境、酿造韵味等一系列创造意志的张扬方面；甚至在向中国古典诗歌学习的自觉方面，新诗以它个性毕具的鲜明形象，令旧体诗歌略显逊色。我所说的新诗，还包括许多为无数人所热爱、特别是广大青年所热衷的优秀流行歌曲的歌词。严格地说，新诗的不少长处，恰巧是旧体诗歌的短处。旧体诗人对自己的得意之作往往孤芳自赏，这种雅意可以理解。但在孤芳自赏之余，是不是也应该放开眼界，多多关注一下我们整个中国诗坛，比如也来欣赏欣赏现今新诗的一些精品佳构呢？看看这些精品佳构有哪些是创作旧体诗歌值得学习借鉴的。诗歌界近几年曾经传出十分可贵的声音：主张新诗与旧体诗歌“比翼双飞”，互相学习，共同前进。我在想，旧体诗歌向新诗学习的愿望越是强烈，这“比翼双飞”也就越有可能。

再说说向民歌学习的愿望。记得新诗界在半个多世纪之前，曾响亮地提出向民歌学习。这种学习的步子虽然后来时紧时松，但从未停止。相比之下，诗词界似乎不大有这种声音。我觉得旧体诗歌要实现现代化的目标，要面向公众，面向青年，要想在内容与形式上为广大的人群所接受所喜爱，必须有向民歌学习的愿望。其中的道理十分明显，我在这里不想多说道理，只想举出一首类似儿歌的民歌作一点小小的剖析。这首民歌从解放以前就在上海江浙一带流传，至今生命不息。这首不知有没有题目的民歌，一直印在我的心里，歌词是：

长脚螺丝敲洋钉，敲来敲去敲不进。
为啥道理敲不进？里厢有只螺丝钉。

歌词中“长脚螺丝”是吴方言里对个子高的人的比喻。“洋钉”就是钉子。“长脚螺丝”在敲一枚钉子，敲来敲去敲不进去，为什么？因为里边有一只螺丝钉挡住了。

当然这首民歌还不是上海民歌里最出色的，但我十分喜欢。它不仅琅琅上口，而且颇含哲理，富有趣味。说到趣味，我想起不少旧体诗歌为什么不受大众欢迎？原因很多，其中一个很重要的原因是缺少隽永的趣味。有没有趣味，往往会决定一首旧体诗歌的成败。由此我不禁想起我很敬重的周笃文老师。为什么诗词界对笃文老师的诗词十分推崇？当然由于他的诗词很大气，很雅致，时常意象灵动，意境深远，辞采飞扬，有的还深含哲思。但我认为还有一点尚未引起大家的关注，就是他的诗词往往具有十分浓厚的趣味。怎么样才能使旧体诗歌具有趣味呢？我觉得向民歌学习肯定是一条很好的途径。

旧体诗歌在技术层面上的学习还有许多，比如还有人人都可能想到的向旧体诗歌的老祖宗古典诗词学习，这是常识的常识，用不着我多说了。

如今，很显然，旧体诗歌的创作与理论研究遇到了更好的时际，有了更好的客观条件，包括从领导方面到其他方面对旧体诗歌的进一步重视。这次首届中国旧体诗歌创作学术论坛就是一个明证。那么，当此时会，如果我们主观上树立了更为明确的目标，具备了真情尤其是激情，并且在实践中有刻苦学习的愿望，我们的旧体诗歌不是大有希望更有希望吗？

闲愁几许？梅子黄时雨
——贺铸《青玉案》浅析

■ 黄润苏

贺铸（1052-1125）字方回，卫州（属今河南省）人。曾做过泗州（今江苏盱眙）通判等小官，晚年退隐苏州、常州，有《东山词》，《贺方回词》、《庆湖遗老诗集》传世。

凌波不过横塘路，但目送，芳尘去。锦瑟华年谁与度？月楼花院，绮窗朱户，惟有春知处。　碧云冉冉蘅皋暮，彩笔空题断肠句。试问闲愁都几许？一川烟草，满城风絮，梅子黄时雨。

贺铸的《青玉案》是宋词坛上颇负盛名的作品，也可说是婉约词的一首代表作。无怪黄庭坚极为赞赏，把他与秦观并提，说："少游醉卧古藤下，谁与愁眉唱一杯？解作江南断肠句，只今唯有贺方回。"《青玉案》从表面看似乎是写作者倾慕一位高贵的妇女，但又无法与之接近，从而引起了深深的怀念和无边无际的闲愁。最后三句描写闲愁技巧极工，被人称颂为"真绝唱"，并从而赠给贺铸以"贺梅子"的美名。但如果看得更深一些，像贺铸这样一个文武兼备的"铮铮铁汉"，政治生涯中又是长期失意，抱负无由施展。如果说他也像屈原、苏轼一样借"美人"、"香草"来抒发自己的政治感慨，"意内言外"，"兴中有比"，也完全是合情合理的。

开篇第一句"凌波不过横塘路"，描写一个十分美貌的女子，雍容华贵。她像“洛神”一样操着轻盈的脚步往前走着，但没有向词人所在的横塘（在苏州），而是愈走愈远了。“但目送，芳尘去”：失望的词人只好怀着深深的惋惜和爱慕的目光送走美人的身影，从此便再没有见到过她的芳姿。这里描写一种“单相思”的痴情眺望是何等传神。

接下去的四句“锦瑟华年谁与度？月楼花院，绮窗朱户，惟有春知处。”是写对这位女子的相思怀念之情，完全是一种痴心遐想。词人对女子已一见情牵，念念不忘。想的是：正是锦瑟年华的她，此时此刻会和谁在一起度过青春的欢乐呢？是谁陪着她在华丽的月楼花榭欣赏美景良辰？可叹的是自己一无所知，也无从知道。想来，能与她作伴的只有春光了。因为只有绚丽美好的春光才配得上和高贵、美丽的姑娘在一起呀！这里，词人通过想象，用十分细腻的笔触倾泻出对女子的尊重、爱慕之心，同时也流露出一种可望而不可即的惆怅之情。

下阕，写词人目送女子离去之后再难相见，徒添一种恼人的闲愁。“碧云冉冉蘅皋暮，彩笔空题断肠句。”写女子的身影已从词人的视线中消失，而词人却痴呆地望着她一路留下的芳尘。又伫立了多时，才觉已是日色将暮，塘边那一片草地在夕阳中显得晶莹碧绿，西天那几抹残霞在晚风中微微飘动，好一个富于诗情画意的黄昏！词人简直想大挥彩笔，一吐才情。但是“良辰美景奈何天”，谁与我“人约黄昏后”呢？爱情的诗篇、欢乐的乐章当然是写不出。只好换一个诗题，把断肠的句子为美人的来也匆匆、去已无踪而引起的闲愁尽情倾吐。

上阕写的是“闲愁”，下阕则写“闲愁”之深。

“试问闲愁都几许？一川烟草，满城风絮，梅子黄时雨。”这是说，要问我这闲愁总共有多少？那么请看那遍地的青草吧。它绵延无际、迷迷濛濛，像是笼着一层烟雾。你能数出这密茂繁盛的烟草究竟有多少吗？我的闲愁便如这烟草一样，真是多得无法数的呀。请看那轻如絮、白如雪的杨花柳絮吧。风一来，它一会儿在天空纷纷扬扬，一会儿在地上团团转转，这铺天盖地的风絮，谁能知道它到底有多少。我的闲愁之多正和它一样，都是无法弄清的。再看那梅子黄时的濛濛小雨吧，它密如缕，细如丝，暮暮朝朝地下着，这剪不断数不清的雨丝更是我心中闲愁的写照。

这段结拍何其精妙！一问而三答把抽象的闲愁描绘得有声有色，使人有看得见、听得出、摸得着之感。充分体现出作者的艺术构思。一句设问“试问闲愁都几许？”为的是使下三句精美的答案呼之欲出、紧迫而来。对读者说，既能引起注意，又觉得自然而然。量词“都”字极好，它暗示“闲愁”的分量不轻而为最后极写闲愁、揭示主题做铺垫。正如词评家刘熙载称赞此词“其末句好处，全在‘试问’句呼起，及与下‘一川’三句并用耳。”（《艺概·词曲概》）。再看作者又是如何写那“呼”出来的答案——闲愁呢？短短的三句十三个字，从句式看是由三个比喻句组成，三句之中又包含一组对偶句。从内容看，所选的比体又都是些很平常而又带着伤感引愁特征的三春景物——烟草、风絮、梅雨。这样，通过句法上的逐一列举和博喻造成的多面表现，随着修辞效果的加强，词人那多而深的闲愁便形象而生动地描绘出来。读后真使人感到意味深长。沈际非在《草堂诗余正集》曾极力称誉这段文字，认为“叠写三句闲愁，真绝唱！”可谓中肯。如说它是宋词中颇负盛名的作品也不为过分吧！

清雅博邃 意逸情真

——谢稚柳先生诗词审美

■ 蔡慧蘋

一、前言

2006年12月，《海派代表书法家系列作品集》问世。翻开《谢稚柳》专辑，劲挺灵动、奇肆横溢的气息扑面而来，一代宗师的奇趣、才华和大器顿时鲜活了。

书集所收129帧书作大多为私家珍藏。除少数外，绝大部分是先生自撰的联语、诗文，尤以诗词居多。先生把即时的情感贯注在笔端，观赏者在线条与墨色神化无极的变幻中感受到先生超越时空的艺术节律的跳动。

其中有一卷《蝶恋花·观张旭草书戏作》，为笔者珍藏。望着笔墨骀荡、笔力厚健、长达175CM的手卷，笔者思绪回到了1997年的10月——《谢稚柳书展》暨《谢稚柳书集》首发式在先生走后四个月，与仰慕他、缅怀他的人们见面了。

展厅中央两只玻璃橱左右并列，横陈着两卷书作，均题为《蝶恋花·观张旭草书戏作》，书写年代一为丁卯（1987），一为丁丑（1997）。前卷意兴闲适，从容舒展，动荡变化，不见端倪。后卷神气颇萧散，点画短促颤动，结体紧迫，即使不为传说中的绝笔，也显见是病躯沉重之遗墨。先生自1969年研治张旭草书，书风大变，有专论《张旭<古诗四帖>》及诗词多首面世。《蝶恋花》是其中的一首，先生在沉疴中仍眷眷于此，可见此词在先生心中的地位。

丁卯一卷，为先生应笔者所请而书，上题“铁麟慧苹词人清正”。忆及上世纪七十年代末一个秋日，笔者携小令数首，在乌鲁木齐南路三楼寓所初次见到先生。一代宗师给我的最初印象是器宇轩昂和可敬可亲。自此，与先生以词为缘，从相识、相交聆听清诲到受信任，教授其爱女小珮诗词与古文辞。情怀长缅，感至深矣。

诗词贵情，至真的情感是论诗品词永恒的标准。无感情之诗，诗味尽失。诗画同宗，有感情人作画，画味愈浓。先生是渊博的学者，书画鉴定家，是精进的画家，大气磅礴的书家。先生的真情复发之于音韵，“每于茶后、醒时、绘事余、行旅中、有意无意之间，若有所触，口自吟讽”，以“纪浮生之一程”（《谢稚柳诗·自序》）。所以，先生又是诗人、词人。囿于先生诗词不留底稿，笔者不能窥其全貌，但仅就1995年上海书画出版社的《壮暮堂诗钞》并郑重《谢稚柳系年录》所载，先生传世诗词已近三百首。诗多于词，其中约一半是书画的题跋，另一半为游踪的摄像。

大凡汉魏之古、唐人之情、宋人之理、明清之婉转流媚，无不毕见。纵观二十世纪的一部绘画史，以画人作诗人者有，以诗人作画人者亦有，但并为画家和诗人者，百年而降，稚柳先生一人而已。笔者不揣陋陋浅，愿为指出，试作一席审美谈，以飨先生之灵，并就正于专家同好。

二、精博卓见，具象化的印证

稚柳先生诗词中，题书画（尤以画为主）是常见的题材，内容有三：古书画的辨伪存真，历史价值和自我轨迹的认定，以及自然的审美。先生学识渊博、鉴赏精到，时有卓见独识，发聩振聋。他往往见人所未见，识人所未识，凡于细微处发现征兆者，久之自得事实的验证。经先生审定的书画，其荦荦大者，有《簪花图》、《雪竹图》、《茂林远岫图》、《上虞帖》、《古诗四帖》等。在取得重大突破时，往往以诗词抒余论，凭籍过人的学养从细微处稽古，高度概括事物的特性，化精博卓见为一幅幅形象生动、可见可抚的图画。缜密的抽象的逻辑思维再现于诗人的具象艺术之中。请看：

辛夷花烂春云热，鬓朵新装露雪肤。
南唐风物凭君识，那得宜州长史图。

——《周昉·簪花仕女图》

初看，这是一幅典型的贵妇人游春图。春天，辛夷花丛中出现了一群服饰靓丽、雪肤娇美、风采雍容的贵妇人，拈花自赏，伴鹤逗犬，慵懒自得。但细辨之下，深邃的内核灵活鲜动地映现在人们面前：梳高髻、鬓插花朵、赤身纱衣“露雪肤”是南唐李后主大周后所创的新潮装。辛夷花烂漫而放又是江南春天的物候。前两句诗人以娴熟的历史知识刻意渲染了画中地居江南的南唐风俗物候，为后两句的推断作了铺垫，并以反问句为结煞：如果说，这幅画的作者是唐中期长安的周长史（昉），那么他画出数百年以后才出现的南唐风物岂不是“关公战秦琼”式的错误。结语隽永，仿佛见到先生淡淡一笑的幽默。名作归属，不言而明。

取次山涯水畔行，墨围笔阵尽疑兵。
眼前一派燕家景，便是当年旧姓名。

——《李成·茂林远岫图》

这首七绝首句用白描手法指出画家把取景框定在山涯水边。第二句的“围”和“阵”恰如其分描绘了原作笔致繁荣铺陈、缜密精微。画面独特的构图引起诗人的深思：这种花团锦簇的艺术个性与李成的画风大相径庭，只能出现在北宋初年被称为“燕家景致”的燕文贵笔下，先生因疑而找到了解剖的切口，末句的结论自然令人折服。

先生对落墨法情有独钟，上世纪六十年代就有很大突破。之后，一面身体力行，寻回失传的技法，以落墨写牡丹杂花、画松画竹；一方面著文吟句，赞美、讴歌、介绍落墨技法及其首创者。诗词中，冠以落墨或以落墨为题材的比比皆是。

宋元以来画家重淡色晕染，色彩几乎掩盖了墨线的勾勒，“百年画笔归天水，已绝江南落墨人。”（《论画二首》）先生为落墨绝响已久鸣不平。“已褪怀中旧笔痕，自沉冥思返清真。”（《落墨》），他向人们宣告，自己正在苦苦寻求一种与传统描绘形式迥异的新法，以求画风的丕变。

落墨为格杂彩副，除是江南谁有此。

辛苦苏州吴倩庵，劝我莫题徐处士。

——《徐熙·雪竹图》

首句开宗明义，点出落墨的精髓，接着以不容置疑的判断审定了《雪竹图》的作者只能是南唐徐熙。三、四两句实写了两位大师的对话。倩庵是吴湖帆先生的号，当年他曾以谨慎的态度劝稚柳先生对《雪竹图》作者的归属不要下断语。大师们在艺术上的分歧是正常的。先生重友情，但更重事实。

以后，先生用“落墨为格杂彩副”又重新组合了《落墨牡丹》：

落墨为格杂彩副，野逸江南写生主。

别裁新样骋其奇，高韵自标不薄古。

小诗赞美了徐熙画法的新奇和诗人研治落墨的决心。

另一首《雪竹图》则从又一个角度渲染了落墨法的奇效：

凌乱寒光数竿竹，风流飘忽几年华。

至今落墨无人赏，冻叶寒梢褪雪花。

雪后高寒中，一林竹树，那劲挺的风神，一览无遗。这里有光和影的变幻，有黑与白、粗与细、勾勒与晕染、写实与写意的对比与置换。

值得一提的是古风《落墨松影》：

结巢云松颠，天风拂五弦。
山东李白好，放笔夺诗篇。
我不能摧颓卧听老龙吟，
又不能调筝弄商一曲琴。
君不见北海奔腾南溟翻，
苍涛碧浪千叠山。

兀然独立于高山之巅的劲松，合着狂飙天风演奏的旋律，映衬着苍苍茫茫奔驰的乱云，在高歌狂舞。风声共松声，时而呼啸，时而吟哦；云舞伴松舞，瞬间高昂、瞬间低徊。这是一曲音阶丰富、律动急剧的交响乐，也是一支粗旷灵动、原始狂野的胡旋舞。在夸张与联想的调动下，读者不必去深究落墨“野逸”的神韵，而已在视听中得到最大的体验与感受。落墨法骚动于先生心胸，完美地挥洒于笔端，其内蕴的生命力是旺盛而新鲜的。换言之，落墨可表现多种物象，但它们具有共同的本质----野性的自然美----诸如新奇、空灵、质朴、幽闲、清绝、雄健、豪迈等等，一切源于天籁。因此，先生屡以落墨为法，替世人留下了新的传世瑰宝。

从上世纪六十年代初起，张旭《古诗四帖》已撞击着先生的心扉。在那无奈的时代，先生仍与古书画神交心契。写下《张旭草书<古诗四帖>》二首，一石激起千层浪，以后，一发不可止，再三以此为题材，赋诗倚声，对它倾注了无限的深情。

其一

墨痕盘郁古藤萦，行迹回翔大翼轻。
直立毫锋倾逆势，始知新格负奇名。

其二

后时狂素盛书名，蕉叶挥残得意新。
苦向人前求笔法，更无毫发有遗情。

先生在第一首中对张旭以逆折之势写狂草的新成就给予极高的评价。第二首则嘱咐世人记住颠张狂素同时，不能忽视两人风格的变异。眼光敏睿，剖析精微，这是先生堪为一代学人的功力。

在《少年游》、《蝶恋花》两词中，先生借长短句活泼的句式、明快的节奏，畅心地抒写了张旭狂草在自己胸中泛起的涟漪。

蓦然想见舞腰支，笺上几行诗。郁结盘藤，勒缰怒马，奇崛醉风姿。　　寻消问息狂僧素，恨不与同时。退笔如山，残蕉成帙，直是未曾知。

——《少年游·题张旭古诗四帖》

意兴偏随沉醉好。墨未浓时，书被催成早。舞袖临风杨柳袅，鸾笺笔阵蛇矛扫。　　揾发飘烟成一笑。无尽流光，总是抛人老。头上霜丝梳更少，酒痕应褪狂颠草。

——《蝶恋花·观张旭草书戏赋》

尤其是《蝶恋花》一词，虽题戏赋，不失力作。先生一再书写此词，雅正友朋。上阙的连续比喻，从多角度写活了张旭狂草点画使转的特点，这里有轻与重、动与静、喧哗与宁静、舒缓与急疾的对比。“扫”字写尽醉后的狂，有横扫千军之势。下阙由历史回到现实。岁月无情，人非物是。张旭，作为生物本体，早在历史尘埃中消逝了。但他的韵事，他的书艺却长留人寰。两者相比，濡发而书的风采毕竟居于狂草神韵之下。词人把对历史的审美关照，应对自己主体的心灵和人生，这是现实的启示。那种自励、自警的态度，令人由此想到先生在耄耋之年自署居室为“壮暮堂”的深意了。热爱生活，以真情拥抱天地是词人的人生真谛。

先生是学者、是画家、是书家、是诗人。他凭渊博的学识、敏睿的眼光、丰富的感情，去发现艺术与生活的典型，以片言只语揭开事物本来面目上笼罩的纱雾，引导人们通过时间隧道，在历史定位的那一刻，缩短审美者与古今艺人的距离。让人们通过历史与现实的审美，开拓视野，获得真知与享受。

对历史的审定，先生的眼光犀利，思路缜密；对自己的估价又是客观而认真。《绘事十首》是先生学画轨迹的演绎。先生对自己充满信心，但每一阶段，有具体的肯定与否定。从少年“寻常晓月误簾钩”的痴情到垂暮“枥边思跃绝尘蹄”（《绘事十首》之二、十）的执着，不断进取是先生成为中华艺坛主盟的一个主要因素。

三、真作画时画变真

艺术家寄身天地，漫步自然是生活的常课，也是生命有色彩的一页。

稚柳先生走出常州寄园、驻足玄武湖、听黄山云涛、观雁荡龙湫，继而束装北上，流沙探秘、策杖华山、题峨嵋金顶。自1962年起，先生又身负鉴定中国书画的重任，足迹更是遍布大江南北、黄河上下、北疆林海、海岛天涯；并以伏枥之年，渡扶桑、客洛杉矶、历新加坡。自然界的美，激荡着先生的心灵，林林总总的物象尽情扑向先生眼帘。举凡青螺叠嶂、澹烟轻岚、飞瀑小溪、花鸟丘壑、松柏梅竹……均通过先生的主体审美，定格于方寸尺幅的素笺之中。意尚未尽，则继以韵文题记。这样，无论是诗书还是画轴，先生的笔端出现了第二自然，即人化的自然。我们阅读先生的画，吟咏先生的诗词，沉醉于先生的书作，仿佛和先生一起步入自然，作灵魂的对话，并幻化为宇宙万物中一个小景点。这时，读者分不清哪是真山水，哪是画山水，哪是诗山水；更分不清何为自然，何为自我。自然的精灵已与先生的心，读者的心一起搏动，和谐而有节律地组成新的情结。

“来时香柳绿当风，去日梨花雪满丛”，在时令与物象的置换下，先生的《临别莫高窟》依依之情形诸笔端。

《自五台至范山寺道中》，先生倾注了对晋西北独特景物的一往情深，“滹沱河下匆匆过，一线潺湲断水声”，勾起笔者对晋北行的记忆：北国天寒，河床干涸，那小毛驴在小河底悠悠地行走，那山谷小溪结上冰凌花，时断时续的流水声，给清澈澄明的山色平添了几分宁静。

已到江南秋满时，却来塞北绕芳枝。
那知此是春归处，八月杨花拍面吹。

——《札兰屯》

水面浮渲唼喋鱼，莲裳荇带午风徐。
沙边软步贪光景，为爱黄家轻色图。

——《哲里木盟莫力庙湖》

1961年秋，文联组织内蒙观光团，先生在行旅中吟诗九首，以上是其中两首。祖居江南的先生在札兰屯意外发现塞北竟有杨花扑面的秋天，继而联想到春天的归处。于是诗人与春天交通：“访遍江南找不到你，原来竟溜回老家了！”立意活泼而俏皮。“拍面”两字状尽杨花柔情，透露了北国暖秋的时令特征。散步于莫力庙湖畔，眼前的碧水、白莲、青荇、黄沙，吹水泡的游鱼，色彩轻灵，笔触又细腻，引起先生记忆中西蜀黄荃的写生体验。这不是活脱脱一副黄家轻色晕染图！诗人的画家身份在不经意中显山露水了。

朝晖装点万枝春，俏粉骄红百态新。
花萼不知谁绣出，东风一夜似金针。

——《梅花》

这是借物抒情的佳篇，先生着意渲染了色彩缤纷的早春，旨在突出“东风一夜似金针”的主题，比喻巧妙，卒章显志。传统诗词的特有思维方式在此获得成功的体现。诗篇写于1977年，经过风刀霜剑严相逼的大师终于盼来了生机勃勃的新时期，喜悦之情令人想起杜甫在平定安史之乱后的名篇，这是新的“诗史”。

逸骥千里足，伏枥志依旧。
烈士抱壮心，暮年甘不复。
无言自成蹊，桃李杨绮绣。
未若芝兰馨，历久不闻臭。

——《芝兰》

严霜浓雪若为亲，冻雨凉飔久结邻。
还被东风求识面，何曾凝笑向三春。

——《山茶》

这类咏物诗是先生对自然审美的另一种表现。客观物象与诗人主观经历的些许相似，诗人展开联想，在对照与比拟的调动下，自然拥有了诗人的血肉情感。无论是喻人还是拟人，自然物象的人格化是先生人格力量的一种折射。

四、唯其细腻，愈显其真

作为艺术的人，先生是名家，是大师；作为社会的人，先生是“雍容大度，情深意笃，雄浑真纯”（著名编辑元工语）的君子。他的诗词时时流露出对至爱亲朋的笃厚情谊，那份细腻是为人和写诗的基础。

先生与大千先生有数十年朝夕过从的历史，以后天涯暌隔，想见无期。大千先生的噩耗传来，先生悲不能语。痛定之余，撷取大千在海外手捧故乡之土潸然泪下的生活细节，吟出“何时脉脉双溪水，并向金牛灞上流”的名句，先生悼念故友情真意切，诗风雅近李义山。古今有情人，唯真而已。

指上尘泥日上襟，对鸡还作晓啼音。
镫边琐琐蚕丛语，絮尽橙黄桔绿心。

——《娇儿》

诗中的场景不断转换，在先生不厌其详的介绍中，一个好动好奇、调皮捣蛋、模仿性特强的小儿呼之欲出。大师善于从细微、琐碎处观人状物，与辛弃疾“最喜小儿无赖，溪头卧剥莲蓬”又是何等相似。多情未必不丈夫，舐犊之情，唯其细腻，愈显其真。正是这份真，决定了先生成为一代大师，一位中国近百年来集绘画、书法、诗词、鉴定于一身的艺坛领袖。

沉沉暮霭脑能闲，车走雷声耳不顽。
此觉只应仙客有，云腾雾驾上登山。

——《昏眩》

上世纪六十年代末，先生患目疾，出现了重影，经治疗虽有好转，但视物模糊，时有昏眩之症，故先生晚年常架墨镜出行。在本诗中，先生从视听角度，以形象的比喻再现了昏眩的两大主症：目眩与耳鸣。应该说疾病的折磨是痛苦不堪的，但先生以超人的心智走出了病魔的阴影。那腾云驾雾的感受，那失重般的不安与苦痛，经先生娓娓道来，既细致又真实，却仿佛不是在诉述自己的病痛，而是告诉人们：这也不失为一种乐趣，语气调侃且诙谐。先生的旷达乐观确非常人所能为。同时又是画家心声的下意识吐露，先生以其画家独特的艺术审美体验来观察，人与物之间若有了一层云雾，两者拉开了距离。那种朦胧美的感受是画家珍惜画幅留白的常见形式，是虚与实的一种对照或衬托。距离，在佛教中被称为“观”，看人生，保持了一定的距离，何尝不有更好的美感。诗人的那份细腻，抓住了事物的特征；那份率真，留下美好回忆是高人异调审美观的体现。

五、铸情“二李”翻新曲

稚柳先生的诗词是传统诗魂的律动，是一代宗师师古又不泥古，以心状自然，描艺事，进而抒写人生的真实歌吟。先生喜好晚唐二李，他以自身的空灵融入李贺的瑰丽和奇幻，却无长吉的诡怪与僻异。其古风《八大山人莲塘翠羽图》整体风格乃至节奏音律直逼李长吉。

三月十九，个相如吃。

缁衣潜身，黄冠匿迹，天荒地老无人识。

草堂半池墨，无端瘖歌且放笔。

溟蒙一片冥云飞，自笑三文河水值。

莲风起，江畔香。暮云翠似盖，晓露珠满房。

皓皓乎不可尚，翠禽石上弄秋阳。

——《八大山人莲塘翠羽图》

陈佩秋先生谓“凡逢李长吉歌诗，先生见一本购一本。”然而好则好矣，千年知己，却无法逾越时空的界栏。先生描摹情事有的乃是自己特有的笔触和个性的语言，李贺设色的灵巧曾拨动先生作为画家的心弦。但先生比长吉更善于调和色彩，用色清雅也有别长吉的浓艳。绿色是先生诗画的基调，是生命、活力的象征。以《绿天清寂图》、《碧梧归羽图》为例。两诗的主调同是清雅的绿，但绿的色相、明度、纯度又见细微的差别。

李商隐是诗界之情人，无论长篇短什均渗透着对人生的直视。如果说稚柳先生受李长吉的影响，那么李义山更会笑引先生为地下知己。先生的诗也是以心弦的颤动奏出了对人生依依的情韵。不同的是这里没有李义山对旧时代的悲鸣和对人生歧路的哀叹，那种对新时代到来的喜悦和沐浴春风的感觉，在李义山的诗集中却是找不到一丝踪影的。而以虽细小却最具特征的物象来构图，语言典雅清淡，让读者从具象生动的画面中见仁见智，又与义山常用的艺术手法如出一辙。

先生的诗词是传统艺术的精灵，又是当代杰出的艺术大师留给世人博大精深的遗产的一部分。传统文人的儒家气息在先生身上表现得异常强烈。但先生的诗词又深深地散发出新时代知识分子的睿智和感情。晚唐二李的技法对先生产生过影响，然而论时代的敏感和对人生的态度，千年前的二李会自愧不如谢公的。

先生的天地是上下古今，诗魂、书魂、画魂的珠璧合体；先生的人生是瑰丽多彩的，是活力与魅力的写照。先生的诗词与书画已作为中华文化瑰宝长存世间。先生的人格力量和艺术力量会产生巨大的知识能源供给一切热爱艺术、热爱自然、热爱人生的人们。

先生控鹤西行已十余载了，笔者与先生的词缘今生已尽。真想再看一看先生的挥毫，聆听先生的教诲。记得在先生仙去前不久的八十八寿宴上，笔者持《唐多令》为先生寿。词曰：

花舞早樱红，篁新梅雨中。向南楼，绿满清桐。长慕柳风情未老，岁岁上，写从容。　桃熟正情浓，珊瑚飞海东。问天星，长沐松风。一纪还添人百岁，新词唱，寿谢公。

先生欣然将之放入贴身衣袋："我将好好保存。"言犹在耳，哲人长去。先生的韵文钩沉书画，启发了笔者倚声探索历史，直面现实。耳畔响起先生再三嘱咐："书法要写自己的诗词。"笔者必将不负先生厚望，誓以文化为先驱来探索艺事，并以薪火相承为己任。